服务业国际直接投资与劳动力市场变迁

FUWUYE GUOJI ZHIJIE TOUZI YU
LAODONGLI SHICHANG BIANQIAN

钟晓君 著

·广州·

版权所有　翻印必究

图书在版编目（CIP）数据

服务业国际直接投资与劳动力市场变迁/钟晓君著. —广州：中山大学出版社，2021.12
ISBN 978 – 7 – 306 – 07307 – 5

Ⅰ.①服… Ⅱ.①钟… Ⅲ.①服务业—国际直接投资—研究—中国 ②劳动力市场—研究—中国　Ⅳ.①F726.9②F249.212

中国版本图书馆 CIP 数据核字（2021）第 175101 号

出 版 人：	王天琪
策划编辑：	李先萍
责任编辑：	井思源
封面设计：	曾　婷
责任校对：	姜星宇
责任技编：	靳晓虹
出版发行：	中山大学出版社
电　　话：	编辑部 020 - 84110283，84113349，84111997，84110779，84110776
	发行部 020 - 84111998，84111981，84111160
地　　址：	广州市新港西路 135 号
邮　　编：	510275　　传　真：020 - 84036565
网　　址：	http：//www.zsup.com.cn　E-mail：zdcbs@ mail.sysu.edu.cn
印 刷 者：	广东虎彩云印刷有限公司
规　　格：	787mm×1092mm　1/16　7.375 印张　101 千字
版次印次：	2021 年 12 月第 1 版　2021 年 12 月第 1 次印刷
定　　价：	38.00 元

如发现本书因印装质量影响阅读，请与出版社发行部联系调换

本书的研究和出版得到广东省自然科学基金项目（项目编号：2018A030313953）、广东省软科学项目（项目编号：2019A10100207）、广州市"羊城青年学人"资助研究项目（项目编号：17QNXR03）的支持。

序

当下,新冠肺炎疫情席卷全球,世界各地经济持续低迷。作为中国改革开放前沿城市——广州,在这次全球公共卫生危机中也无法独善其身,疫情给本来就已经异常严峻的就业形势带来了更大的影响。在此背景下,全球性量化宽松预期推动大宗商品价格一路上扬,世界各国原材料进口价格显著上涨,美国的贸易政策致使广州市制造业供应链的安全性和完整性受到一定程度的影响。国内外各种因素交错叠加,使广州市制造业在这次新冠肺炎疫情中遭受冲击,收益增长乏力,大量制造企业亏损、倒闭,城镇居民失业率上升。

由于自身行业特性,服务业遭受的冲击并没有制造业那么严重。主要原因是新冠肺炎疫情催生出了"互联网+服务"的经济新业态,稳住了服务业的基本盘,兜住了广州经济发展的底线。服务业也成为广州在新冠肺炎疫情危机下"稳增长"和"保就业"的着力点。同时,近年来全球产业结构的深度调整与国际价值链的重组整合使得服务业成为国际直接投资的主要承载体。服务业国际直接投资带来了资金、技术、管理等"一揽子"生产要素,对广州市服务业劳动力市场产生了深远影响。

本书以广州市服务业相关情况为主要研究对象,深入探究服务业国际直接投资对劳动力市场变迁的影响。在对国际直接投资与劳动力市场变迁之间关系的国内外文献进行综述的基础上,本书阐释了服务业国际直接投资影响劳动力市场变迁的作用机理与路径:服务业国际直接投资对东道国产生直接就业效应和间接就业效应,两者的综合效应影响东道国就业数量;服务业国际直接投资通过影响工资水平、人力资本积累、劳工权益保障以及妇女就业,对东道国就业质量产生影响;服务业国际直接投资对东道国服务业劳动力市场培育产生效应,进而影响东道国服务业劳动力市场结构。

在考察广州市服务业国际直接投资和劳动力市场发展状况、厘清广州市服务业国际直接投资及劳动力市场发展特征的基础上,运用面板数据、时间序列等现代计量分析手段,从服务业国际直接投资的劳动力就业数量效应、劳动力就业质量效应和劳动力市场结构效应三个维度,对服务业国际直接投资与劳动力市场变迁的关系进行实证检验。结果表明:①服务业国际直接投资产生的直接就业效应为负,间接就业效应为正,两种效应综合的总就业数量效应为正。这说明服务业国际直接投资促进了劳动力就业,且服务业国际直接投资与劳动力就业数量之间互为 Granger 原因;②服务业国际直接投资对服务业劳动力平均工资的提升具有促进作用,服务业国际直接投资是服务业劳动力平均工资的单向 Granger 原因,服务业国际直接投资促进了劳动力就业质量的提升;③服务业国际直接投资促进了广州市以劳动密集型服务业为主体的劳动力市场结构的形成,反映了服务业国际直接投资在促进广州市服务业比较优势的发挥,进而形成产业竞争优势方面具有积极作用。

基于上述研究结论,本书提出以下三点政策建议:①继续改善投资环境,加大服务业招商引资力度;②大力发展各层次教育与职业培训,提升服务业人力资本水平;③合理引导服务业国际直接投资的行业流向。

前　言

"在高质量发展中促进共同富裕"是党中央的重要决策部署，指明国家未来经济工作的重要方向。共同富裕，就业先行。扩大就业规模，提高居民就业率，实现居民高质量就业，是促进共同富裕的基本手段和重要抓手。

在新冠肺炎疫情肆虐全球的背景下，全球经济增长乏力，大国地缘政治博弈及逆全球化暗潮涌动，世界政治与经济形势处在百年未有之大变局中。就业岗位减少、失业率飙升、居民收入下降等与劳动力就业相关的问题成为各国政府亟须解决的难题。

中国凭借党中央的坚强领导、政治制度的显著优势，以及"以人民为中心"的发展理念，在全球范围率先控制住新冠肺炎疫情，并且成为2020年全球唯一实现经济正增长的主要经济体。随着中国经济进入高质量发展阶段，经济结构调整及产业结构升级深刻地改变着劳动力市场的供需状况。在需求端，人工智能和工业机器人的迅猛发展对传统就业岗位形成威胁。在供给端，近年来，国内高校应届毕业生数量连创新高。2021年，全国普通高校毕业生总规模达到历史最高的909万人。全国整体就业形势依旧严峻。

党中央历来高度重视居民就业工作，"保居民就业"成为"六保"任务之首。习近平总书记多次在考察与座谈中强调要扎实做好"六稳"工作、落实"六保"任务。李克强总理在2021年政府工作报告中指出"就业是最大的民生""优先支持贫困劳动力稳岗就业，帮助返乡贫困劳动力再就业""实施就业优先战略，扩大就业容量""实施提升就业服务质量工程"。

在危机中育新机，于变局中开新局。新冠肺炎疫情深刻影响着人类生产和生活模式，同时也衍生出网络办公、网络营销、网络教育、网络医疗、网络健身、网络咨询等一系列新的经济业态和新的经济增长点。特别是传统服务业，在疫情常态化防控的新形势下，积极融入信息技术元素，使"互联网+服务"成为众多求职者的就业选择。服务业正在以崭新的业态颠覆着传统的经营模式，成为吸纳劳动力就业的主导产业。

服务业国际直接投资通过"一揽子"生产要素的跨国流动，对服务业产业成长和服务业劳动力市场变迁产生深刻影响。本书从理论机制和经验实证两个层面，对服务业国际直接投资和劳动力市场变迁的关系进行系统研究。服务业国际直接投资是否有利于促进劳动力就业，服务业国际直接投资是否有利于提高劳动力工资水平，服务业国际直接投资是否会改变服务业劳动力市场结构等诸多现实问题，都会在本书中逐一得到解答。

本书共由六章构成：第一章是绪论，主要介绍本书的研究背景和意义、国际直接投资与劳动力市场变迁相关文献、研究内容和研究方法，以及可能的创新之处；第二章从劳动力就业数量、劳动力就业质量和劳动力市场结构三个维度，系统剖析服务业国际直接投资影响劳动力市场变迁的理论机制；第三章对广州市服务业国际直接投资与服务业劳动力市场发展状况进行分析，总结归纳发展轨迹与现实特征；第四章构建计量经济模型，从劳动力就业数量、劳动力就业质量和劳动力市场结构三个维度，对服务业国际直接投资影响劳动力市场变迁进行实证研究；第五章提出相关建议，促进服务业国际直接投资发展与劳动力市场培育；第六章对全书进行总结，提出基本结论，并提出后续可以进一步研究的问题。

在构建以"一带一路"为重点的对外开放新格局的进程中,服务业国际直接投资始终扮演着重要角色。本书的结论对服务业高水平对外开放及劳动力就业具有理论与实践的指导意义。

目　录

第1章　绪论 ………………………………………………… 1
　1.1　研究背景和意义 ……………………………………… 1
　1.2　国际直接投资与劳动力市场变迁研究文献综述 ………… 4
　　1.2.1　国外相关文献 ……………………………… 4
　　1.2.2　国内相关文献 ……………………………… 9
　1.3　研究内容与研究方法 ………………………………… 14
　1.4　可能的创新之处 ……………………………………… 17

第2章　服务业国际直接投资影响劳动力市场变迁的理论机制 … 18
　2.1　服务业国际直接投资影响劳动力就业数量的理论机制
　　　………………………………………………………… 18
　　2.1.1　服务业国际直接投资的直接就业效应 ………… 19
　　2.1.2　服务业国际直接投资的间接就业效应 ………… 22
　2.2　服务业国际直接投资影响劳动力就业质量的理论机制
　　　………………………………………………………… 25
　　2.2.1　服务业国际直接投资与劳动力工资水平 ……… 26
　　2.2.2　服务业国际直接投资与人力资本积累 ………… 27
　　2.2.3　服务业国际直接投资与劳工权益保障 ………… 28
　　2.2.4　服务业国际直接投资与妇女就业 ……………… 29
　2.3　服务业国际直接投资影响劳动力市场结构的理论机制
　　　………………………………………………………… 29

2.3.1 服务业国际直接投资与服务业劳动力市场发育 ………………………………………………………… 30

2.3.2 服务业国际直接投资与服务业劳动力市场结构 ………………………………………………………… 30

第3章 广州市服务业利用国际直接投资与服务业劳动力市场发展状况 ………………………… 33

3.1 广州市服务业利用国际直接投资发展状况 ………… 33

3.1.1 服务业利用国际直接投资阶段性特征明显 ……… 33

3.1.2 服务业国际直接投资行业集中度高 ……………… 35

3.1.3 广州市实际利用国际直接投资资金来源地趋于多样化 ………………………………………… 40

3.2 广州市服务业劳动力市场发展状况 ………………… 42

3.2.1 服务业劳动力就业数量逐年增加 ………………… 43

3.2.2 服务业劳动力就业比重迅猛提升 ………………… 43

3.2.3 服务业劳动力集中在劳动密集型服务行业 ……… 47

3.2.4 服务业劳动力工资水平存在显著行业差别 ……… 51

第4章 服务业国际直接投资影响劳动力市场变迁的实证分析 ………………………………………… 53

4.1 服务业国际直接投资影响劳动力就业数量的实证分析 ………………………………………………… 53

4.1.1 模型的构建 ………………………………………… 53

4.1.2 变量选取 …………………………………………… 54

4.1.3 单位根检验 ………………………………………… 55

4.1.4 协整分析 …………………………………………… 56

4.1.5 向量误差修正模型 ………………………………… 57

4.1.6 Granger 因果关系检验 …………………………… 59

4.1.7 脉冲响应和方差分解分析 ………………………… 60

4.2 服务业国际直接投资影响劳动力就业质量的实证分析 ………………………………………………………… 64

  4.2.1 模型的构建 ……………………………………… 64

  4.2.2 变量选取 ………………………………………… 65

  4.2.3 单位根检验 ……………………………………… 65

  4.2.4 协整检验 ………………………………………… 66

  4.2.5 向量误差修正模型 ……………………………… 67

  4.2.6 Granger 因果关系检验 ………………………… 69

  4.2.7 脉冲响应和方差分解分析 ……………………… 70

4.3 服务业国际直接投资影响劳动力市场结构的实证分析 ………………………………………………………… 73

  4.3.1 数据选择和处理 ………………………………… 73

  4.3.2 模型的设定与识别 ……………………………… 74

  4.3.3 面板单位根检验 ………………………………… 75

  4.3.4 模型的估计与面板协整检验 …………………… 77

  4.3.5 模型结果分析 …………………………………… 79

第 5 章 政策建议 …………………………………………… 81

5.1 继续改善投资环境，加大服务业招商引资力度 ………… 81

5.2 大力发展各层次教育与职业培训，提升劳动力人力资本水平 ……………………………………………… 83

5.3 合理引导服务业国际直接投资的行业流向 ……………… 84

第 6 章 结论与讨论 ………………………………………… 87

6.1 基本结论 …………………………………………………… 87

6.2 后续研究的问题 …………………………………………… 89

参考文献 …………………………………………………………… 91

后记 ………………………………………………………………… 101

第1章
绪　　论

1.1　研究背景和意义

随着经济全球化的纵深发展和世界经济结构的调整，全球产业结构逐渐向服务业偏移，国际直接投资（foreign direct investment, FDI）[①]的重点也从制造业转向服务业。服务业利用国际直接投资占世界国际直接投资的份额已由20世纪90年代的不足50%增加到当前的70%左右，服务业已经成为当今国际直接投资的主要承载体。中国作为世界第二大经济体，其服务业近年来获得长足发展，伴随着中国服务业对外开放不断向更高水平和更深层次的领域迈进，服务业利用国际直接投资占我国利用国际直接投资总额的比重接近70%，与世界国际直接投资产业流向趋势保持一致。广州作为改革开放前沿阵地——广东省的省会城市，其服务业发展程度高于全国平均水平。特别是进入20世纪90年代以来，广州市服务业得到了快速发展。1990年，广州市服务业增加值仅为157.57亿元；1999年，广州市服务业增加值首次突破千亿大关，达到1118.80亿元；2014年，广州市服务业增加值更是突破万亿，达到10287.29亿元；2019年，广州市服务

---

① 国际直接投资也称为外商直接投资、外国直接投资。

业增加值达到16923.22亿元。2019年年底，突如其来的新冠肺炎疫情并没能阻止广州市服务业的发展势头，2020年，广州市服务业增加值依然实现了2.3%的增长率，达到18140.64亿元。① 这些数据显示出广州市服务业在新冠肺炎疫情肆虐全球的背景下，仍然保持稳步增长。这得益于"互联网+服务"等众多服务业新业态的涌现与蓬勃发展，大量服务业转向线上运营，有效稳住了服务业发展基本盘，并成为促进服务业在疫情常态化防控下行稳致远的重要增长点与动力源。伴随着广州市服务业这种迅猛发展态势的是服务业实际利用国际直接投资数额的激增。1990年，广州市服务业实际利用国际直接投资额为4076万美元，占广州市实际利用国际直接投资总额的21.89%；2019年，广州市服务业实际利用国际直接投资额增长到52.58亿美元，这一数值是1990年的128.99倍，占广州市实际利用国际直接投资总额的比重也飙升到73.60%。突如其来的新冠肺炎疫情并未浇灭外商投资广州的热情，2020年国际直接投资大举进入广州市卫生和社会工作、科学研究和技术服务两个服务行业，这两个服务行业的国际直接投资流入量比2019年分别增长29.6倍和3.1倍，广州市服务业在2020年的实际利用国际直接投资达58.42亿美元。

与此同时，在新冠肺炎疫情席卷全球以及百年未有之大变局的背景下，广州市的就业形势日趋严峻。官方统计资料显示，2020年年末，广州市参加失业的人数为保险691.82万，比2019年年末增长7.39%；全年领取失业保险待遇的人数为15.46万，比2019年年末增长16.15%。2020年，广州市城镇登记失业率为2.53%，比2019年上升0.38个百分点。上述数据清晰地反映出"保就业"成为广州市面临的重大民生问题。就业问题关系着人民群众的切身利益，妥善

---

① 本书2020年数据来源于《2020年广州市国民经济和社会发展统计公报》，其他年份数据来源于历年《广州统计年鉴》及《广州50年》。全书同。

解决就业问题、降低失业率、减少失业人口，事关国家发展的全局和全社会的和谐安定，是世界上任何国家和地区都必须高度重视的社会问题。中共十九届五中全会公报提出"实现更加充分更高质量就业""强化就业优先政策"。李克强总理在2021年政府工作报告中指出："就业是最大的民生""实施就业优先战略，扩大就业容量""就业优先政策要继续强化、聚力增效"。

然而，无法回避的事实是，新冠肺炎疫情对广州市制造业造成严重的负面影响：全球量化宽松预期推动大宗商品价格一路上扬，世界各国的原材料进口价格显著上涨，美国对华政策致使广州制造业供应链的安全性和完整性受到严重破坏。外部市场萎靡、出口订单减少、原材料价格上涨等不利因素导致制造成本大幅提升，进而导致大量制造业中小企业亏损倒闭、工人下岗，制造业吸纳劳动力趋于饱和甚至已无力吸收。服务业则由于其行业特性，以及在互联网经济催生下蓬勃发展的"互联网+服务"新业态，受到新冠肺炎疫情的影响并未如制造业那么严重。在广州市服务业吸收就业潜力与空间仍有待进一步开发的情形下，大力发展服务业、利用服务业国际直接投资促进和改善广州市日趋严峻的就业状况，成为广州市政府在新冠肺炎疫情背景下实现"保就业"目标正确且合理的政策选择。

服务业国际直接投资在劳动力就业数量、劳动力就业质量及劳动力市场结构三个维度对服务业劳动力市场产生深远影响，对服务业劳动力市场变迁发挥重要作用。在劳动力就业数量方面，服务业国际直接投资通过直接效应和间接效应对服务业劳动力数量的增减变动产生影响；在劳动力就业质量方面，服务业国际直接投资通过竞争、示范和溢出效应在服务业劳动力平均工资水平、人力资本积累、劳动权益保障等方面发挥作用。服务业国际直接投资还通过改变服务业行业结构，引导劳动力在各服务行业间合理流动和动态配置，实现对劳动力市场结构的迁移。

鉴于广州市目前面临的严峻就业形势及广州市服务业在吸纳全国剩余劳动力方面的重要地位，全面深入地探讨服务业国际直接投资与劳动力市场变迁的关系；充分发挥服务业国际直接投资对服务业劳动力就业数量和就业质量的积极作用，规避其消极影响；合理引导服务业国际直接投资流向，以改善服务业劳动力市场结构，无疑具有重要的理论价值与现实意义。

1.2 国际直接投资与劳动力市场变迁研究文献综述

1.2.1 国外相关文献

1.2.1.1 国际直接投资对劳动力就业数量的影响

关于国际直接投资对东道国劳动力就业数量的影响，国外学者普遍得出东道国引进国际直接投资能够促进本国就业，对本国就业产生积极影响的结论（Brancu & Lucaciu，2009）。联合国贸易和发展会议（1994）的研究表明，跨国公司除了直接招聘东道国本土员工，对东道国产生直接就业效应外，还可以通过促进上下游关联企业的发展来间接创造就业：外资企业每增加1名员工，将间接创造1～2个或更多的就业机会。Mickiewicz等（2000）对中欧四国国际直接投资对劳动力需求影响的研究表明，国际直接投资与劳动力需求显著相关，对当地就业产生显著正效应。1993—1996年间，匈牙利制造业部门中，国际直接投资企业的就业人数占制造业总就业的比例高达78.2%；而在此期间，捷克共和国外资企业提供了6.4万个工作机会，在很大程度上遏制了匈牙利当时因大量失业可能引起的严重结果。Graham（2000）认为跨国公司进行的直接投资可以改善发展中国家工人的福利状况，东道国劳动力的需求也会因为外商投资企业的进入而大大提高。Krugman（2000）认为国际直接投资有利于增加对高技能劳动力的需求。Jayaraman 和 Singh（2007）利用有界协整检验对 1970—2003 年斐济的国际直接投资与劳动力就业的关系进行实证考察。结果表明，斐济的国际直接投资对劳动力就业存在单向因果关系，国际直接投资对劳动力就业存在正效应。Nunnenkamp（2007）的研究结论同样显示，国际直接投资有利于促进墨西哥制造业的劳动力就业。Osei（2019）的实证研究结果表明，国际直接投资通过就业创造效应，对加纳劳动力就业增长具有显著的正向作用。Rong 等（2020）针对中国 30 个省市的实证研究表明，国际直接投资具有积极的就业效应，并且劳动力市场灵活性发挥着显著的正向调节作用。

但是，也有少数学者的研究结论不支持国际直接投资对东道国劳动力就业具有积极效应。Dirfield 和 Taylor（2000）分析了 1984—2000 年英国劳动力市场的情况，指出国际直接投资产生的技术外溢效应加剧了工资的不平等现象，这种不平等是否促进东道国劳动力就业这一问题，存在着不确定性。Williams（2003）采用英国国际直接投资公司子公司的数据，得出国际直接投资的就业效应因跨国公司的进入方式、子公司类型、母公司国籍三个因素的不同而具有差异性，新建投资能产生正的就业效应，而跨国并购的投资方式则会产生负的就业效应。Ernst（2005）研究了阿根廷、巴西、墨西哥三个发展中国家国际直接投资对劳动力就业的影响，结果表明，上述三国的出口导向战略与国际直接投资结合，对劳动力就业的影响令人失望。Ernst 指出，国际直接投资并非创造就业的灵丹妙药，稳定的生产性投资流入才是一个国家经济可持续增长和创造就业的保障。Jenkins（2006）指出，国际直接投资给越南带来的直接就业率和间接就业率都不甚理想，甚至可能是负的，原因在于国际直接投资的劳动生产率较高并且产业关联度较低，容易对国内投资产生"挤出效应"。Inekwe（2013）

针对尼日利亚的研究表明，流入服务业的国际直接投资与就业率之间呈现负相关关系。Jude 和 Silaghi（2016）认为，国际直接投资对东道国产生"创造性破坏"，国际直接投资带来的劳动力节约技术会对就业产生负面影响。外国直接投资可能会对就业产生负面影响的担忧不无道理。Malik（2019）采用印度制造行业面板数据，运用系统广义矩估计法提出动态劳动力需求模型，结果显示国际直接投资对印度制造业就业不具有显著作用，国际直接投资并非印度制造业就业创造的重要渠道。

1.2.1.2　国际直接投资对劳动力就业质量的影响

关于国际直接投资对东道国劳动力就业质量的影响，大多数研究都是从国际直接投资对东道国劳动力工资水平影响的角度进行分析的。Feenstra 和 Hanson（1997）认为，随着资本由发达国家流入发展中国家，非技术密集型产品的生产线也转移至发展中国家，发达国家转而向发展中国家采购这类产品，其本身则主要从事技术密集型产品的生产。在发达国家看来，其从事的技术密集型产品生产需要大量的熟练劳动力；在发展中国家看来，从发达国家转移而来的非技术密集型产品生产也需要其本国大量的熟练劳动力。这样，双方对熟练劳动力的需求都上升了，最终促使熟练劳动力工资水平的上升。Feenstra 和 Hanson（1997）以墨西哥数据为例进行实证研究，结果表明，在国际直接投资集中的地方，熟练劳动力工资水平增长的 50% 来源于国际直接投资的增长，从而证实了他们的上述理论。其他研究包括 Haddad 和 Harrison（1993）对摩洛哥的研究，该研究表明，从整体上看，国际直接投资企业的工人工资水平比内资企业工资水平高 70%。Bedi 和 Cieslik（2002）对波兰制造业的研究表明，在国际直接投资份额较高的行业，工人的工资水平和工资增长率也较高，虽然国际直接投资对劳动力工资水平和相对工资有一定的影响，但还不是造成劳动力工资差异的主要原因。Lipsey 和 Sjoholm（2001）针对印度尼西亚的研究发现，外资企业给当地员工提供了较高的工资，而且由于正的溢出效应，印度尼西亚劳动力总体工资水平得到提高。Driffield 和 Girma（2003）运用联立动态面板数据模型的实证研究结果表明，外商直接投资对英国电子行业的劳动力工资水平具有显著的正向溢出效应。Ge（2006）运用中国城市面板数据的实证研究结果表明，国际直接投资的进入会显著提升中国城市地区的工资水平。Noria（2015）指出，投资自由化将使国家面临更激烈的竞争，但同时也有更多接触新技术的机会，企业愿意支付更高的工资来吸引或雇佣更多的熟练工人。Yasar（2020）指出，国际直接投资可以促进发达国家的技术转移，从而导致技术偏向性变革，并提高相对熟练劳动力的工资水平。

与上述研究不同，也有学者认为国际直接投资对工资水平没有产生显著影响，或者产生的影响为负。Zhao（1998）的结论表明，当跨国公司在两个具有相同技术和禀赋的国家出现时，跨国公司在博弈过程中存在优势，将对东道国的劳动力工资水平产生消极影响。Blonigen 和 Slaughter（2001）针对美国制造业的研究表明，国际直接投资并没有增加对熟练劳动力的相对需求，对美国制造业的工资差距也没有显著影响。Das（2002）针对发展中国家的研究表明，外商直接投资降低了熟练劳动密集型部门的相对工资水平，从而缩小了工资差距。Barry 等（2005）的研究表明，国际直接投资对爱尔兰国内出口企业的工资和劳动生产率会产生负效应，国际直接投资对爱尔兰国内非出口企业的工资和劳动生产率则没有显著的影响。Heyman 等（2007）针对瑞典企业数据的研究表明，国际直接投资对瑞典国内企业的收购行为降低了职工的工资水平。Hale 和 Long（2008）利用 2002 年中国企业层面数据的研究表明，国际直接投资能够提高熟练劳动力的工资水平，对非熟练劳动力的工资水平却没有显著影响，其结果是外商直接投资的流入加剧了中国收入不平等的状况。Fajnzylber

和 Fernandes（2009）利用企业调查数据的研究表明，从事国际经济活动的巴西企业比巴西其他企业具有更高的熟练劳动力需求，然而，从事国际经济活动的中国企业却比中国其他企业具有更低的熟练劳动力需求。因此，融入全球经济活动对熟练劳动力与非熟练劳动力工资的影响在不同国家也具有不同的表现。Laffineur 和 Gazaniol（2019）针对法国雇主和雇员的研究数据表明，国际直接投资降低了执行离岸任务工人的工资。

1.2.1.3 国际直接投资对劳动力市场结构的影响

国外关于国际直接投资对劳动力市场结构影响的研究还比较少。Trívez 和 Mur（1999）以西班牙为例，通过建立区域就业预测模型，对某个具体区域的劳动力的部门间流动进行了较细致的研究。Doi（2003）对 1980—1994 年间日本直接投资在东南亚四国（印度尼西亚、泰国、马来西亚和菲律宾）制造业的空间分布和就业分布差异进行了实证研究，发现其特征在不同的国家不尽相同。Yeaple（2006）的实证研究结论表明，美国跨国公司的投资活动改变了中等收入国家的国际贸易结构。Chen 和 Yu（2011）从代理理论的维度出发，探讨了跨国公司的直接投资活动对资本结构的影响。Laffineur 和 Mouhoud（2015）的研究表明，法国企业对低收入国家的直接投资显著增加了母公司高管的比重，并减少了蓝领工人的比重。Ibarra-Olivo（2021）指出，由国际直接投资引起的劳动力市场变化将对东道国的人力资本发展产生不同的影响，这主要取决于工作类型和提供工作的部门的特点。

1.2.2 国内相关文献

1.2.2.1 国际直接投资对劳动力就业数量的影响

关于国际直接投资对中国劳动力就业数量的影响,大多数学者的研究结论都支持国际直接投资对中国劳动力就业具有促进作用的观点。王剑(2005)在国际直接投资与东道国劳动力就业相关的理论基础上建立了联立方程模型,全面分析并测算了国际直接投资对中国劳动力就业的综合效应,并得出结论:国际直接投资对中国劳动力就业不仅存在着积极的直接拉动效应,而且还通过挤出国内投资和提升生产率水平,对国内劳动力就业产生负面的间接抑制效应。国际直接投资对国内劳动力就业的总效应仍然是积极的,国际直接投资每增加1%,实际就业量将扩大0.008%。钟辉(2005)就国际直接投资在短期、中期、长期对中国劳动力就业的影响程度进行动态分析,指出其影响程度随着内资企业竞争力的提高和产品市场需求的变化而变化,并非简单的正相关。在短期内,国际直接投资可以起到"发动机"的功能,创造大量的劳动力就业机会。国际直接投资对中国总就业的中期影响尚不明确。国际直接投资对劳动力就业的长期影响积极与否,取决于内资企业能否充分吸收国际直接投资的"外溢效应",能否在竞争中提高自身的科研创造能力和竞争力。沙文斌和陶爱萍(2007)运用协整理论,对1979—2005年国际直接投资流入与中国劳动力就业增长之间的关系进行了实证研究。结果表明,国际直接投资与中国劳动力就业量之间存在着长期均衡关系,国际直接投资每增长1%,长期来看将带动中国劳动力就业增加0.13%。范洪敏和穆怀中(2017)认为国际直接投资,特别是服务业国际直接投资,是促进外来务工人员城镇就业率增长的重要因素。黄亚捷等(2018)指出,国际直接投资增加了中国城镇地区制造业企业的数量,为城镇地区提供了大量的就业岗位。韩国高等（2021）利用倍差法与工具变量相结合的方法研究了国际直接投资对中国本土制造业企业就业率增长的影响，研究结果表明，国际直接投资能够显著促进企业就业率的增长，具有"稳就业"的作用。

但也有部分学者得出相反的结论。竺彩华和胡再勇（2007）通过理论和实证分析，得出外资进入对劳动力就业情况的贡献并不理想，甚至在一定程度上还恶化了中国本已十分严峻的就业形势的结论。黄华民（2000）从产业角度对国际直接投资与中国劳动力就业数量之间的关系进行了定量分析。研究结果表明，国际直接投资对第一产业、第二产业的就业情况起到负面作用，而对第三产业的就业情况则起到促进作用，其综合效应为负。杨扬等（2009）的研究表明，国际直接投资对中国国有企业与集体企业的就业水平存在显著的负面作用。对此，作者从国际直接投资挤出了国内投资，以及国营企业通过裁员增效来应对外资的激烈竞争两个方面进行了解释。房玲玲（2019）则指出，商贸流通业国际直接投资与服务业劳动力就业之间存在非线性关系。

还有一些学者研究了国际直接投资对区域劳动力就业数量的影响。万欣荣等（2005）选择全国利用外国直接投资最为活跃的广东省劳动力就业市场作为研究对象，研究发现，外国直接投资对广东省的总就业情况存在显著的影响。侯广豪等（2008）运用协整理论对改革开放以来山东国际直接投资与劳动力就业增长之间的关系进行了实证研究，结果表明：国际直接投资每增长1%，将带动山东劳动力就业增加0.053%、第二产业劳动力就业增加0.1%、第三产业劳动力就业增加0.218%。邱小云和贾微晓（2018）针对江西省赣州市的研究表明，长期来看，国际直接投资每增加1个百分点，将带动赣州市就业率增加0.11个百分点。

1.2.2.2 国际直接投资对劳动力就业质量的影响

关于国际直接投资对中国劳动力就业质量的影响，国内文献还不多。李雪辉和许罗丹（2002）在 Feenstra 和 Hanson 的外购理论基础上，利用中国外资集中地区的宏观数据进行实证研究。结果表明，通过提高当地熟练劳动力的工资水平，外国直接投资可以提高中国外资集中地区劳动力的工资水平。崔校宁和李智（2003）在分析外商对华直接投资的经济效应时，认为国际直接投资对就业质量的影响主要表现在提供较好的工资待遇、工作条件和社会保险福利；为国内雇员提供培训机会，从而促进中国人力资源的开发。蔡昉和王德文（2004）、罗良文和刘辉（2003）认为国际直接投资对国内劳动力素质的提高和人力资本的积累产生了重要的促进作用，提高了国内劳动力的从业能力和就业水平。孙文远和卢锐（2010）的实证结果显示，国际直接投资对江苏省平均工资水平的提升具有积极作用。毛其淋和许家云（2014）采用基于倾向得分匹配的双重差分模型（PSM-DID）评估了外向型国际直接投资对企业职工收入的影响，研究表明，外向型国际直接投资显著地提高了职工的平均工资水平。然而，也有学者得出相反的结论，认为国际直接投资对中国的工资效应不显著（许建伟、郭其友，2016）。张志明和崔日明（2015）则认为服务业国际直接投资对服务业工资水平的总体影响显著为负。

针对上述意见分歧，有学者认为国际直接投资对职工实际工资水平在不同的时间段具有不同的影响（杨泽文 等，2004）。此外，对于不同类型的劳动力，其作用的效果也存在差异（钟晓君 等，2013）。例如，蔡宏波等（2015）指出外资显著提升了资本密集型服务业的工资水平，对技术密集型和劳动密集型服务业则影响不显著。于诚和周山人（2016）的研究表明，服务业国际直接投资正在加大中国服务业熟练劳动力和非熟练劳动力的工资差距。

1.2.2.3 国际直接投资对劳动力市场结构的影响

关于国际直接投资对中国劳动力市场结构的影响，国内学者主要从中国产业结构变迁的角度去研究。张二震和任志成（2005）认为国际直接投资促进中国劳动力市场结构演进主要有两个路径：一是推进农业劳动力向非农产业转移；二是促进劳动力素质结构升级。王燕飞和曾国平（2006）通过实证研究得出结论：国际直接投资有利于促进第二产业劳动力就业及就业人口非农化；国际直接投资对中国产业结构升级有着积极的推动作用；国际直接投资对第三产业影响不足，不利于中国农村剩余劳动力的转移及产业结构的进一步优化和升级。祖强和张丁榕（2008）的实证研究结果显示：国际直接投资对不同行业产生的就业效应存在差异，其对制造业、建筑业、房地产业等七个行业的就业影响表现为促进劳动力就业增长，而对农林牧渔业、采掘业、社会服务业等行业的就业影响表现为抑制劳动力就业增长。方慧和魏文菁（2014）的研究表明，国际直接投资的流入对服务业结构优化具有积极作用。李志龙（2019）的实证研究结论揭示，国际直接投资拉动了中国制造业低技能劳动力的就业，却对高技能劳动力就业没有显著影响。因此，从总体上看，国际直接投资恶化了中国制造业就业技能的结构。李杨和车丽波（2021）指出，中国对外直接投资总体上显著提升了母公司技术员工在公司总员工中的占比，并且存在东部地区和中西部地区间的差异。

从以上文献可以清楚地看到，服务业国际直接投资与劳动力市场变迁的关系还没有得到国内外学者的重视，该领域的研究还存在很大的空间。近年来，服务业的迅猛发展使国内外学者开始逐渐关注服务业国际直接投资对劳动力市场的影响，但相关文献还较为少见。代表性研究成果诸如 Kulfas 等（2002）针对阿根廷的研究，该研究表明，跨国公司对服务部门的就业带来负面影响。查贵勇（2009）的研究同样支持服务业外商直接投资对就业带来负效应的观点。然而，也有学者得出相反结论，认为服务业国际直接投资对劳动力就业具有积极作用。薛敬孝和韩燕（2006）就服务业国际直接投资对中国劳动力就业的影响展开理论分析和实证分析，得出结论：引进服务业国际直接投资能够促进中国服务业的发展，增加就业岗位，促进人力资源开发，提高就业质量；引进资本和技术密集型的服务业国际直接投资，能促进中国服务业内部就业结构的合理化。Crinò（2010）采用极大似然估计法的估计结果显示，服务外包增加了美国熟练劳动力的就业机会。刘志中（2011）的研究表明，服务业国际直接投资比重每增加1%，会使服务业从业人员比重增加0.24%。Sirari和Bohra（2011）针对印度的研究表明，服务业国际直接投资对劳动力就业具有积极影响，服务业国际直接投资能够为熟练劳动力带来大量高工资的就业机会。王春艳等（2017）的研究发现，服务业实际利用外资对就业具有显著的正向影响。庄丽娟和陈翠兰（2008）以广州市为研究对象，考察服务业国际直接投资的结构效应，结果表明：服务业国际直接投资是影响广州市服务业内部结构调整的原因，而服务业结构变动也会影响服务业国际直接投资的变化；广州市服务业国际直接投资对流通业的影响要大于其对生产服务业和房地产业的影响，而对社会服务业的影响则不显著。张志明和崔日明（2014）基于中国服务业行业面板数据的实证结论表明，服务业国际直接投资对服务业就业结构具有显著的优化作用。陈洁等（2019）指出，服务业国际直接投资对服务业结构高级化产生积极的空间溢出效应，应合理地引导服务业国际直接投资在区域间的流动。

综合以上文献，可以发现以下特征：一是国内外针对国际直接投资整体对劳动力市场变迁的影响研究较多，但针对服务业国际直接投资对劳动力市场变迁影响的研究较少，服务业国际直接投资与劳动力市场变迁的研究仍未得到足够的重视；二是大多数学者从国家层面研究国际直接投资对劳动力市场变迁的影响，极少从区域层面展开研究。但由于国际直接投资在中国的区域分布具有很大的差异性，区域经济发展也极不平衡，对中国总体的研究会掩盖区域间的差异。正如李杨等（2017）所指出的，服务业国际直接投资对就业的影响在不同区域间存在差异性。鉴于此，有必要对经济和服务业发展比较发达的广州市进行单独研究，以试图为国内其他区域提供"广州经验"。

1.3 研究内容与研究方法

鉴于国内外对制造业的偏向性关注，服务业利用国际直接投资的研究仍未得到充分重视。在当前国内关于服务业利用外资的理论和研究比较欠缺的情况下，本书选取服务业比较发达以及服务业利用国际直接投资位居全国各大城市前沿的广州市作为研究立足点，对服务业国际直接投资与劳动力市场变迁的关系进行理论和实证分析。

本书的研究思路是从劳动力就业数量、劳动力就业质量和劳动力市场结构三个维度，进行服务业国际直接投资对劳动力市场变迁影响的理论与实证研究。本书各章节内容安排如下。

第一章是导言部分，介绍本书的研究背景、研究目的和研究意义；对国际直接投资与就业关系的国内外相关文献进行梳理；同时，阐明本书的研究内容、研究方法与可能的创新之处。

第二章从劳动力就业数量、劳动力就业质量以及劳动力市场结构三个方面阐释服务业国际直接投资影响劳动力市场变迁的理论机制，为后续的实证研究奠定理论基础。

第三章对广州市服务业利用国际直接投资以及服务业劳动力市场发展状况进行分析，归纳总结广州市服务业利用国际直接投资以及服务业劳动力市场发展的事实特征。

第四章为建立计量模型，运用面板数据分析以及时间序列分析工具，从劳动力就业数量、劳动力就业质量以及劳动力市场结构三个维度，实证检验服务业国际直接投资对劳动力市场变迁的影响。

第五章在上述研究的基础上提出促进广州市服务业吸引国际直接投资、利用服务业国际直接投资改善广州市服务业劳动力市场状况的政策建议。

第六章总结全书的基本结论，揭示本书存在的不足，并提出需要进一步研究的问题和研究的方向。

本书采用的研究方法包括以下三种。

（1）理论研究法。本书将从劳动力就业数量、劳动力就业质量和劳动力市场结构三个维度，对服务业国际直接投资影响服务业劳动力市场变迁的机制进行理论分析，在理论层面厘清服务业国际直接投资影响劳动力市场变迁的路径。

（2）实证研究法。本书运用面板数据分析、时间序列分析等现代计量分析工具，针对服务业国际直接投资对服务业劳动力就业数量、劳动力就业质量以及劳动力市场结构的影响进行实证研究，检验服务业国际直接投资对广州市服务业劳动力市场变迁的影响大小及方向。

（3）统计描述法。本书采用统计描述法对广州市服务业利用国际直接投资的情况及广州市服务业劳动力市场的现状与特征进行统计描述。

本书的技术路线如图 1-1 所示。

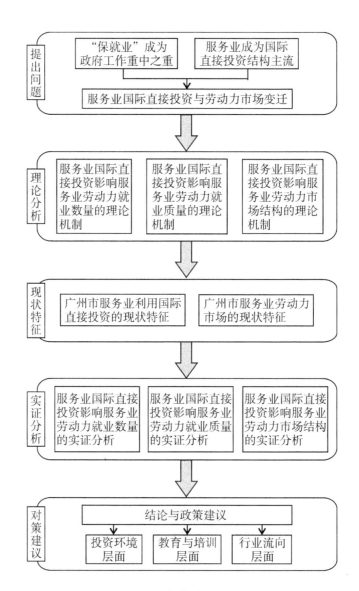

图1-1 本书的技术路线

1.4　可能的创新之处

已有的文献主要从国家层面分析国际直接投资对中国劳动力就业的影响，但由于我国各地区经济发展水平截然不同，各地区国际直接投资分布结构以及劳动力市场结构也有很大的差异性与异质性，因此，基于国家层面的研究难以揭示各地区国际直接投资影响劳动力市场变迁的特殊性与现实状况。同时，随着全球产业结构的重心逐渐向服务业偏移，服务业逐渐成为国际直接投资的结构主流和主要承载体，研究服务业国际直接投资与劳动力市场变迁的关系具有重要的理论与现实意义。但是，目前国内针对这一领域的研究仍然较为欠缺，该领域还没有得到学术界的足够重视。

基于以上分析，本书可能的创新之处在于以下两点。

（1）从市域层面研究服务业国际直接投资与劳动力市场变迁的关系，能够弥补国际直接投资对劳动力市场变迁影响的研究在区域层面的不足，对粤港澳大湾区其他城市构建与培育统一和完善的劳动力市场具有示范效应。

（2）以往针对服务业国际直接投资影响劳动力市场的研究大多局限于某一特定维度，本书将从劳动力就业数量、劳动力就业质量和劳动力市场结构三个维度，系统考察服务业国际直接投资对劳动力市场变迁的影响，以期获得服务业国际直接投资对劳动力市场变迁影响的全景画面，从而得出较为系统与全面的研究结论。

第2章
服务业国际直接投资影响劳动力市场变迁的理论机制

2.1 服务业国际直接投资影响劳动力就业数量的理论机制

服务业作为国民经济体系的三大产业之一,和第一、第二产业一样,生产过程需要资本、劳动等基本生产要素的投入。发展中国家在经济发展过程中普遍存在的储蓄缺口和外汇缺口(钱纳里 等,1966),使其难以依靠国内资金来满足扩大投资对资本的需求。同时,资金的稀缺导致生产过程中劳动和资本比例失调,难以实现两要素的合理配置,由此产生大量失业人员。服务业国际直接投资的流入能给发展中国家带来充裕的资金,填补资本不足的缺口,调和发展中国家在服务业发展中存在的劳动力丰富而资本不足的矛盾。因此,一般来说,服务业国际直接投资的流入能促进就业岗位的形成,增加劳动力就业机会。由于各国历史、制度和文化的差异,服务业国际直接投资影响劳动力市场变迁的方向和程度并没有统一的结论,结论的多样性也反映出这一课题的复杂性。

服务业国际直接投资对东道国劳动力市场存在直接就业效应和间接就业效应。服务业国际直接投资的直接就业效应是指服务业国际直接投资项目直接引致的就业岗位的增加或减少,也就是跨国公司由于在东道国新建服务企业或并购原有服务企业进行生产经营活动而引起东道国劳动力就业人员数量的变化。间接就业效应是指服务业国际直接投资通过影响前后向关联企业的劳动力就业、挤入挤出东道国的国内投资、服务贸易进出口，以及通过技术溢出效应引致技术进步等间接途径引发的东道国劳动力就业数量的增减变动。直接就业效应一般体现为短期劳动力就业数量的变动，而间接就业效应则需在较长一段时期内才能显现。服务业国际直接投资对劳动力市场的就业总效应是上述两种效应的综合。

2.1.1 服务业国际直接投资的直接就业效应

服务业国际直接投资对东道国劳动力就业的直接效应与服务业国际直接投资的投资方式、服务业国际直接投资的投资结构、跨国公司产权模式及跨国公司战略等因素有关。

2.1.1.1 服务业国际直接投资的投资方式

服务业国际直接投资一般通过"绿地投资"或者"跨国并购"的方式进入东道国。绿地投资（greenfield investment）也称为新建投资，是指跨国公司依照东道国的法律法规，通过资金、技术、管理等"一揽子"要素的投入，在东道国设立全新服务企业的投资方式。跨国并购（cross-border merger and acquisition）是指跨国公司通过收购东道国现有企业全部或者部分股权，进而获得对该企业生产经营管理控制权的投资方式。跨国公司在发展中国家一般采用绿地投资方式，而在发达国家则更多采用跨国并购方式。绿地投资由于要形成新的生产能力，在投资初期需要大量劳动力以补充新设企业对员工的需求；而跨国公司出于节约成本等方面的考虑，雇佣劳动力一般采取本土化策略，除了少量高级管理人员和重要岗位职员从本国抽调外，其余大部分员工都是从东道国劳动力市场雇佣的本土劳动力。因此，绿地投资都会在短期内给东道国创造大量就业机会，增加劳动力就业岗位，带来就业创造效应。跨国并购则由于原企业被生产效率较高的跨国公司接管，原企业低效的运作模式必然会被改变——引入先进的生产技术和现代化的经营管理理念，一些无法满足跨国公司用人标准的劳动力将被淘汰。同时，在跨国公司完善的竞争机制下，那些无法满足公司未来发展要求的员工也会被解雇。跨国公司这种由于业务整合、改革编制、引入竞争导致的裁员在短期内增加了社会失业人员，给东道国带来就业损失效应。但若被兼并前的服务企业已濒于破产，则跨国公司的并购行为能挽救一部分劳动力的就业形势。

2.1.1.2 服务业国际直接投资的投资结构

服务业国际直接投资的投资结构不同，会给劳动力市场带来不同的影响。当前，我国劳动力市场最大的特点是低技能普通劳动力的供给几乎接近无限，而高素质劳动力则供不应求。投资于劳动密集型服务行业的国际直接投资，会促进低技能普通劳动力的就业。例如，流入批发、零售、交通运输、仓储、住宿和餐饮等劳动密集型服务行业的国际直接投资，能够促进上述行业发展，吸收大量低技能劳动力就业。若国际直接投资流入金融、保险、房地产、计算机与信息服务、科学研究、技术服务等资本和技术密集型服务行业，则会增加对熟练劳动力的需求，促进高素质劳动力就业；同时，这些行业对人力资本准入门槛的限制使市场对低技能普通劳动力的需求减少。但也有一种情况值得重视，即跨国公司投资的资本和技术密集型服务行业中具有劳动力密集型工序和项目，这时候虽然国际直接投资流入资本、技术密集型服务行业，但这种资本和技术密集型行业中的劳动密集型工序和项目也能够为低技能普通劳动力提供就业岗位和机会。例如，金融行业作为资本和技术密集型服务行业，存在数据处理中心、客户服务中心、呼叫中心等劳动密集型工序，目前很多金融机构都将以上工序从香港迁移到广东、福建等内地沿海地方，以利用当地廉价的劳动力资源（薛敬孝 等，2006）。

2.1.1.3 跨国公司产权模式

跨国公司在华投资经营，其产权模式主要有外商独资经营、中外合资经营、中外合作经营及中外合作开发四种。其中，外商独资经营和中外合资经营这两种模式所占比重最大。这两种模式对我国劳动力就业的影响是不同的。采取外商独资经营的跨国公司，以其本公司内在生产利润为核心目标，无须考虑我国劳动力就业等社会效益，因此会投入大量资本进行设备更新改造，打造信息化、自动化的生产与服务流水线。相比其他企业，外商独资企业具有更高的资本有机构成。资本对劳动的替代使外商独资企业对劳动力就业岗位的贡献相对微弱。另外，独资企业出于技术保密的需要而采取的各种防止技术外溢的措施，令我国本土服务企业无法轻易获得国外先进技术；受政治、经济等因素影响，一旦独资企业选取国外中间产品或服务供应商而非国内供应商，更无法带动中国上下游关联服务企业的业务扩大。可见，外商独资企业对劳动力就业的正向作用较为有限。采取中外合资经营产权模式的国际直接投资，情况则有所不同。在中外合资企业（尤其是中国股份占优势的企业）中，中方可引导企业在注重利润的同时也关注劳动力就业等社会公众问题，积极发挥企业的社会责任，促进劳动力就业。另外，在上下游中间服务供应商的选择上，中方也能有权选择国内服务商，促进上下游企业的劳动力就业。

2.1.1.4 跨国公司战略

跨国公司进行海外投资活动主要出于以下动机：利润重心型、资源获取型、风险分散型、生产基地型、市场开拓型及知识提取型。在华跨国公司以市场开拓型和生产基地型为主，二者所占比例达到在华跨国公司的95%（赵景华，2002）。对于生产基地型动机的跨国公司,利用东道国充裕而廉价的劳动力是其进行海外直接投资的首要诱因。此类服务业国际直接投资进入东道国后,能够创造大量劳动力就业岗位。近年来,越来越多的服务业跨国公司将总部或分公司迁入广州市,就是看重广州市经济发达、营商环境优良且劳动力丰富的得天独厚的优势,把广州市视为其全球价值链中的服务产品生产基地,为周边国家和地区提供生产生活所需的各项配套服务。市场开拓型跨国公司直接投资的导向是寻求打开我国市场,扩大产品和服务在我国的市场占有份额,其直接就业创造效应明显小于生产基地型动机的外商投资。另外,市场开拓型服务业国际直接投资由于投资的服务项目大多是我国已经存在或者是我国刚刚起步、尚不存在比较优势的朝阳服务行业,跨国公司更高的生产效率与高质量的服务水平必将挤占我国本土服务企业的市场份额,导致本土服务企业经营利润的下降及对劳动力需求的降低。

2.1.2 服务业国际直接投资的间接就业效应

服务业国际直接投资通过"外部性"而产生的间接就业效应,需要较长一段时间才能体现。间接效应的方向与大小和服务业外商投资企业前后向产业关联度大小、服务业国际直接投资与国内投资的关系、服务业国际直接投资与服务贸易的关系、服务业国际直接投资与技术进步的关系等因素密切相关。

2.1.2.1 前后向产业关联

按照服务产品所服务的对象的不同,服务业可以分为消费者服务业和生产者服务业两大类。消费者服务业是指为各类消费者提供服务、满足消费者不同需求的行业,如零售、住宿、餐饮、居民服务等服务行业。生产者服务业是指直接或间接为生产过程提供中间服务的服务性产业,如运输、金融、保险、计算机和信息服务等行业(李江

帆 等,2004)。消费者服务业由于产业链较短,与之关联的上下游产业不多,国际直接投资所能创造的间接就业效应较小。生产者服务业中资本和技术密集型服务行业占多数,其与上下游产业的联系也更紧密。根据生产者服务业国际直接投资与其服务对象进入东道国的先后顺序,跨国公司的国际直接投资可分为追随性投资和先导性投资两种。前者指生产者服务业国际直接投资跟随其服务的客户(制造业跨国公司)在东道国的投资而来,以继续为其提供服务;后者指生产者服务业国际直接投资先进入东道国,促进市场环境的发展和成熟,作为其服务对象的制造业跨国公司随后再进入。可见,对生产者服务业而言,其产业关联效应表现为通过高端服务业国际直接投资的流入,为其他行业的外资企业和本土企业提供优质服务,促进外资企业的大规模进入和本土企业的快速发展,从而带来间接就业效应(薛敬孝 等,2006)。

2.1.2.2 挤入或挤出国内投资

服务业国际直接投资进入东道国后对东道国国内投资会产生"互补"或"替代"效应。当服务业国际直接投资流入的服务行业与东道国本土服务企业间存在竞争关系时,跨国服务企业和本土服务企业提供的是相似的服务项目,必然会对东道国国内有限的生产要素、市场份额和投资机会展开激烈争夺。跨国服务企业凭借其高质量的服务水平、先进的生产管理理念及东道国在税收、生产经营方面给予的优惠政策,将逐渐占有东道国国内的市场份额,迫使东道国本土服务企业退出市场,挤出东道国国内投资。外资大举进入使本土企业失去垄断优势和国内市场,被迫缩减生产规模(毛其淋 等,2018)。这种与东道国国内投资存在替代关系的服务业国际直接投资所产生的间接就业效应是微弱的,甚至可能为负。相反,如果服务业国际直接投资与东道国本土企业不存在明显的竞争关系,或者高端服务业国际直接投资流入的是能促进东道国国内科技发展而东道国自身尚无力大规模发展的服务行业，通过跨国服务企业的示范与外溢效应，服务业国际直接投资将带动整个行业发展，并促进东道国加大对这些服务行业的自发投资，从而挤入东道国国内投资。这种与东道国国内投资存在互补关系的服务业国际直接投资，具有显著的正向间接就业效应。

2.1.2.3 服务业国际直接投资与服务贸易的关系

服务贸易在当今世界贸易格局中所占的比重越来越大。在一些发达国家中，服务贸易所占比重接近甚至超过货物贸易所占比重。服务贸易在世界贸易格局中获得越来越多的关注与重视。服务贸易进口是指接受其他国家提供的各类服务，付出外汇的贸易行为；服务贸易出口是指通过为其他国家提供各类服务，取得外汇收入的贸易行为。一般来说，服务贸易进口会减少国内居民对国内服务行业所提供服务的需求，对就业产生负效应；劳动密集型服务出口能增加对低技能普通劳动力的需求；资本密集型服务出口能促进高技能劳动力就业，对普通劳动力的需求则相对减少。由于国际直接投资与国际贸易间存在相互替代、相互补充和相互融合三种关系（龚晓莺 等，2006），其对国际贸易的影响方向是不确定的，因此服务业国际直接投资通过服务贸易途径对就业产生的间接影响也因具体国别的不同而具有不确定性。如果服务业国际直接投资促进了服务贸易出口，扩大了本土服务企业的生产规模，一般来说会有利于劳动力就业；相反，如果国际直接投资的进入挤出本土企业的贸易出口，就会导致本土企业生产和投资萎缩，不利于劳动力就业（赵新泉，2015）。

2.1.2.4 服务业国际直接投资与技术进步的关系

跨国公司进行海外直接投资，给东道国带来的不单是资金，更是资金、技术、管理等"一揽子"生产要素。在这个过程中，跨国服务企业的示范效应与技术溢出效应,使东道国本土服务企业不断学习到跨国公司先进的生产技术、高效的经营管理经验,促进东道国出口产品和服务竞争力的提升(Harding et al.,2012);跨国公司进入所带来的强大市场竞争,增加了东道国本土服务企业的危机感和压迫感,激励本土服务企业不断提高服务质量水平以及技术创新能力,加速企业技术和设备的升级与换代(Aitken et al.,1999);当人员流动使员工从跨国服务企业跳槽到东道国本土企业时,服务业国际直接投资带来的技术扩散效应将更为显著。可见,服务业国际直接投资的进入是促进东道国服务业技术进步的重要贡献因素。一方面,技术进步能够促进东道国服务业经济增长,增加服务业吸纳剩余劳动力的容量。其中,当技术进步发生在劳动密集型服务行业时,能够促进东道国劳动密集型服务业发展,增加其对普通劳动力的需求;当技术进步发生在资本和技术密集型服务行业时,能够促进东道国资本和技术密集型服务业发展,增加对高技能劳动力的市场需求。另一方面,技术进步带来的企业创新能力的提升,将减少生产单位产品所需的劳动力数量(Bogliacino et al.,2010),特别是劳动节约型技术的推广和使用,将引发国内要素市场失衡,产生要素替代效应,大幅减少市场对劳动力生产要素的需求,对劳动力就业产生消极影响(韩国高 等,2021)。

2.2 服务业国际直接投资影响劳动力就业质量的理论机制

在劳动力与生产资料相结合并进行生产活动的过程中,就业质量是劳动力对生产关系、生产环境、劳资关系及所取得的劳动报酬是否满意的综合评价指标,可以反映劳动力总体工作状况的优劣。就业质量主要包括以下几个因素:①工作性质,指是否为自由、自愿地选择就业；②聘用条件，指工作的特征和工作所给予的各种待遇；③工作环境，指工作的外部环境特征，包括工作的物理环境和心理环境；④职工是否享有社会保障；⑤劳资双方是否平等，有无各种歧视（刘素华，2005）。

服务业国际直接投资对东道国劳动力就业质量带来深远影响。通过"一揽子"要素的示范与竞争效应，跨国服务企业能给东道国（特别是发展中国家）在劳动力就业环境、福利待遇、个人发展等方面树立榜样，促进东道国劳动力就业质量的提升。具体来说，服务业国际直接投资的就业质量效应主要体现在四个方面：提升劳动力平均工资水平，促进东道国人力资本积累，增强企业劳工保障意识与劳动者维权意识，增加与促进妇女就业。

2.2.1 服务业国际直接投资与劳动力工资水平

在诸多因素中，最能体现劳动力就业质量改善的指标就是工资水平的提升。相比于本土服务企业，跨国服务企业有着先进的生产技术、周全的服务理念、完善的激励机制以及雄厚的资金实力，能够为员工提供良好的福利待遇与更高的工资。同时，为了使物化于生产设备中的现代科学技术能够得到正确与有效的运用，跨国服务企业对员工的综合素质有较高的要求。跨国服务企业为这些熟练劳动力提供更好的待遇并采用效率工资的方式以提高其工作积极性与劳动生产率，是符合跨国服务企业现代管理理念的。跨国服务企业更好的工资待遇使其在与东道国本土服务企业争夺相对稀缺的高技能熟练劳动力的过程中占有很大的优势。在跨国服务企业的外部压力下，为了吸引人才、提升自身竞争力，东道国本土服务企业往往也提高了员工的福利待遇与工资水平，最终促使整个服务行业的工资水平普遍增长。

2.2.2 服务业国际直接投资与人力资本积累

服务业国际直接投资有利于增加东道国人力资本的积累，提升东道国劳动力素质。其作用途径：一方面，服务业国际直接投资促进教育与培训供给的增加；另一方面，服务业国际直接投资引导民众形成对更高教育水平和更高技能水平的需求。在供给与需求两方面的共同作用下，东道国的人力资本水平得到普遍提高。

首先，从教育与培训供给角度看，跨国服务企业出于对劳动生产率的追求，对在东道国分支机构的当地管理、技术人员以及普通员工实施有效的培训，为他们提供获取最新知识和先进生产技能的机会。国际投资实践证明，跨国公司对其设在发展中国家分支机构的员工提供的培训形式更为繁多，且培训数量远远超过当地公司（江锦凡，2004）。跨国服务企业提供的职业培训根据不同的岗位要求涵盖企业日常运转的方方面面，既包括针对普通员工的外语培训、交际培训、礼仪培训等，也包括针对高级管理人员与技术人员的管理培训与技能培训。这使得跨国服务企业的大多数员工都能在工作之余得到培训的机会，提升自身素质。同时，出于树立自身良好形象以实现利润最大化的考虑，一些大型跨国服务企业也会资助东道国国内科研机构或与各高校合作办学，使东道国国民也有更多享受教育与培训的机会。

其次，从教育与培训需求角度看，服务业国际直接投资促进东道国人力资本积累的作用机制是通过劳动力市场上跨国服务企业对高技能熟练劳动力给予更高的工资与福利待遇的价格信号，促进东道国民众自觉接受更高的教育，增加其自身的人力资本积累。在跨国服务企业更优越的工作环境与更优厚待遇的刺激下，许多求职者都以进入跨国公司工作作为自己的职业追求与选择。而跨国服务企业对员工高标准、综合素质的准入门槛使求职者不断提升自己的教育追求，通过各类教育与培训，努力提高自身综合素质与各方面的能力。

可见，服务业国际直接投资既有利于增加教育与培训的供给，又有利于对教育与培训需求的刺激。跨国服务企业能够促进东道国国内人力资本的开发与积累，提高劳动力综合素质，增加劳动力人力资本回报和职业地位回报（刘晨 等，2018），对劳动力就业质量的提升具有积极作用。

2.2.3　服务业国际直接投资与劳工权益保障

服务业国际直接投资有助于提高东道国（特别是发展中国家）本土服务企业的劳工权益保障意识以及劳动者的维权意识，从而提高劳动力就业质量。在发展中国家，劳动密集型服务行业占服务业整体的绝大部分比重。在这些劳动密集型服务企业中，最大限度榨取劳动者的剩余价值以获取超额利润的目标使得企业普遍忽略了对劳工权益的保障。企业任意延长员工工作时间、不为员工购买社会保险、无故解雇员工甚至随意克扣员工工资等损害劳动者权益的现象屡见不鲜，发展中国家立法的滞后以及劳动者维权意识的薄弱加剧了这一问题的严重性以及解决问题的艰巨性。

跨国服务企业（特别是大型跨国公司）出于对自身形象以及国际舆论等因素的考虑，通常都会严格执行国际上关于劳工权益保障的标准，开通员工反映个人诉求的有效渠道，在多方面展现对员工的人文关怀。同时，跨国服务企业内部强大的工会组织也有利于提高劳动者的维权意识。一旦发生企业侵权行为，工会组织能够提高劳动者维护自身合法权益的谈判力。跨国服务企业较为重视劳工权益保障的企业文化使得员工普遍具有归属感，提高了员工的工作积极性和企业的劳动生产率。同时，这也给东道国本土服务企业和劳动者提供了榜样，有利于促进服务企业自觉保护劳工合法权益的意识以及劳动者自身维权意识的提升，进而促进劳动力就业质量的改善。

2.2.4 服务业国际直接投资与妇女就业

长期以来,由于受传统"男主外,女主内""男耕女织"就业思想的束缚,以及劳动力市场用人单位对女性就业的歧视,发展中国家的很多女性不得不待在家中,成为家庭主妇,放弃自己的职业追求,这大大限制了女性的个人发展空间。经济全球化以来,服务业国际直接投资在某种程度上改变了这一局面。以中国为例,在20世纪90年代初,国际直接投资大举流入沿海劳动密集型服务行业,为中国提供了大量适合女性的就业岗位,吸引了大量女性走出家门、拥抱自己的职业理想。越来越多的女性从此走上就业岗位,越来越多的女性在工作上取得巨大成就,一部分女性甚至进入跨国公司核心管理层。服务业国际直接投资带来了妇女就业观念的解放,增加了我国妇女的就业机会,提升了我国劳动力的就业质量。

2.3 服务业国际直接投资影响劳动力市场结构的理论机制

劳动力市场结构,从广义来说,是指劳动力市场的产业结构,即就业人员在国民经济三次产业中的分布情况;从狭义来说,劳动力市场结构是指在国民经济某一产业内部各行业之间就业人员的数量比例和相互关系。本书所关注的劳动力市场结构属于狭义范畴,特指服务业内部各服务行业就业人员的分布情况。服务业国际直接投资是通过促进东道国服务业劳动力市场的发育,增加服务业劳动力市场中劳动力的流动性,进而实现劳动力在各服务行业中的动态配置来影响劳动力市场结构的。具体来说,由于服务业国际直接投资在各服务行业分布不均,在各服务行业内部分别产生的就业数量和就业质量效应也存在很大差异,从而进一步扩大了各服务行业间的差距,并加剧了各类生产要素在服务行业之间的流动。如果存在一个生产要素能够在各服务行业之间自由流动的成熟的劳动力市场，那么劳动力生产要素将在各服务业行业中实现动态配置，服务业劳动力市场结构也将处于持续的动态调整与变迁中。

2.3.1 服务业国际直接投资与服务业劳动力市场发育

劳动力市场发育的一个重要表现就是劳动力的流动性是否增强，即劳动力能否在劳动力市场自由流动（蔡昉 等，2004）。外资的进入会加快东道国市场化改革进程（安孟 等，2021）。服务业国际直接投资有助于促进东道国（特别是发展中国家）服务业劳动力市场的发育。首先，服务业外商投资企业是最早进入很多发展中国家服务业劳动力市场的企业类型之一，具有鲜明的不受行政干涉的独立企业法人特点，积累了丰富的市场经营管理经验。服务业外商投资企业所聘用的员工是从劳动力市场以合同制形式引进的，劳资双方是一种明晰的契约关系，劳动者没有被禁锢于企业之中，更不存在一些计划经济中为保护劳动者而产生的"铁饭碗"。如果劳动者找到能发挥其人力资本优势的更优工作岗位，劳动者就有通过"跳槽"而改善就业状况的强烈愿望，不存在禁锢关系的合同制劳资关系使其能在合同期满后实现自由流动（张二震 等，2005）。服务业外商投资企业的这种聘用制度与人员自由流动机制所产生的制度外溢效应对很多发展中国家劳动力市场产生了巨大冲击，增强了劳动力的流动性，并有利于促进发展中国家服务业劳动力市场的发育。发育良好的服务业劳动力市场是服务业国际直接投资能够影响劳动力在各服务行业的流向与分布，进而改变劳动力市场结构的前提条件。

2.3.2 服务业国际直接投资与服务业劳动力市场结构

服务业国际直接投资通过在东道国的不同服务行业的聚集，改变东道国服务业的行业结构，进而引起东道国服务业劳动力市场结构的变迁。

以广州市为例进行分析，从统计数据可以看出，国际直接投资主要流入运输、仓储与邮电通信业，批发、零售与餐饮业等劳动密集型服务行业。这一方面反映出跨国服务企业在投资行业与技术选择上的理性——选择上述劳动密集型服务行业能充分利用广州市劳动力资源充足的比较优势，另一方面也反映出服务业国际直接投资对促进广州市服务业比较优势的发挥所做出的贡献。世界各国的经济发展历程显示，一个国家或者地区的某一产业能否利用和发挥本国或本地区的比较优势，很大程度上决定了该产业能否具有竞争优势。广州市拥有丰富而廉价的劳动力资源，以劳动力密集型服务行业为主体的行业分布有利于广州市比较优势的发挥，从而获得服务业的竞争力。服务业国际直接投资以劳动密集型服务行业为主体的行业选择，促进了广州市劳动密集型服务行业的发展，有利于形成反映广州市比较优势的服务业行业结构，从而引起劳动力市场结构的调整与变迁。

统计数据同样显示，广州市服务业国际直接投资在服务行业选择上的结构性倾斜特征比较明显。过去很长一段时间以来，金融、保险业，教育、文艺和影视业，科学研究和综合技术服务业等行业的国际直接投资数量较少。这一方面与中国上述服务行业开放度不高，政府限制外资进入上述行业有关；另一方面也是由于上述服务行业大多属于资本和技术密集型行业，需要大量高技能熟练劳动力，而高技能熟练劳动力在中国相对稀缺，工资要求相对较高，国际直接投资投入上述行业并不能获得劳动力成本方面的优势。利润导向的外资更多是流入能充分利用我国劳动力低廉比较优势的劳动密集型服务行业。

随着中国"一带一路"倡议的提出和越来越深入地介入国际经济竞争，中国的产业结构将越来越趋向反映本国的比较优势。劳动力资源丰富且较为廉价是中国重要的比较优势，跨国服务企业合理地利用了这一比较优势,对广州市的直接投资以劳动密集型服务行业为主,填补了中国上述服务行业资金、技术与管理的不足,促进了广州市劳动密集型服务行业的发展以及广州市以劳动密集型服务业为主体的服务业行业结构的形成,进而吸收大量劳动力在上述服务行业就业,最终促进广州以劳动密集型服务行业为主导的就业格局与劳动力市场结构的产生。可见,广州市服务业劳动力市场结构是长期以来中国的产业基础和国际分工地位所决定的,也是跨国服务企业在全球产业大调整的背景中根据中国与其他国家的比较优势,进行对外投资行业与技术选择的必然结果,反映了广州比较优势之所在。

第3章
广州市服务业利用国际直接投资与服务业劳动力市场发展状况

3.1 广州市服务业利用国际直接投资发展状况

3.1.1 服务业利用国际直接投资阶段性特征明显

经过改革开放40多年来的发展，广州市已经形成了较为成熟的市场经济体制，具有相对完善的基础设施硬件。便利的海陆空交通条件以及濒临港澳台的地理位置更是造就了广州所拥有的其他城市无法比拟的得天独厚的优势。在粤港澳大湾区的建设中，广州市始终发挥着国际商贸中心和国际交通枢纽的重要作用。诸多优势使得广州市成为备受外商企业青睐的中国首选投资目的地之一。广州市吸引国际直接投资的数量一直在全国各大城市中名列前茅，其中广州市服务业吸收外商投资数量对此数据有巨大贡献。

1979年，广州市服务业实际利用国际直接投资额仅165万美元；2020年，广州市服务业实际利用国际直接投资额为584150万美元；2020年的广州市服务业实际利用国际直接投资额是1979年的3540倍，平均每年增长速度为22.06%。截至2020年年底，广州市服务业累计实际利用国际直接投资额达到640.04亿美元。

由图3-1可以看出，广州市历年服务业实际利用国际直接投资可以分为四个阶段。第一阶段（1979—1992 年）为广州市服务业利用国际直接投资的起步与平稳发展阶段。由于这一阶段处于改革开放前期，广州市服务业对外开放程度有限，各项规章制度以及基础设施条件尚不完善，因而服务业跨国公司对广州市服务业的投资仍然处于观望试探阶段，不敢冒险地大规模进入。这一时期，广州市服务业平均每年实际利用国际直接投资额为 6109 万美元，且国际直接投资主要投向房地产业，运输、仓储与邮电通信业，批发、零售与餐饮业等服务行业。第二阶段（1993—2000 年）为广州市服务业实际利用国际直接投资的稳步增长阶段。1992 年邓小平南方谈话以及中共十四大的召开，确定了我国经济体制改革的目标是建立社会主义市场经济体制，这从体制与制度上给外商注入了"强心剂"。同时，随着广州市对外开放步伐的不断加快，各项针对外商投资的政策法规相继出台，基础设施条件与营商环境也有了很大改善，使得跨国企业投资活动有了法律和硬件上的保障。在这一阶段，广州市服务业平均每年实际利用国际直接投资额达到 101512 万美元，是第一阶段平均每年实际利用国际直接投资额的 16.6 倍，这一时期服务业跨国公司投资的行业也有所扩展。第三阶段（2001—2004 年）是广州市服务业利用国际直接投资的滑坡阶段。在这一阶段，国际政治与经济形势出现了较大波动，特别是"9·11"事件的发生，以及阿富汗战争和伊拉克战争的相继爆发，使得世界经济形势出现倒退现象，外商对广州市服务业的投资也逐年下降，由 2000 年的 158889 万美元减少到 2004 年的 76786 万美元。第四阶段（2005 年开始至今）是广州市服务业利用国际直接投资的快速增长阶段。虽然在 2018 年受中美贸易战影响，广州市服务业利用国际直接投资一度下降到 363707 万美元，但此后呈现强劲反弹势头。2020 年，广州市服务业利用国际直接投资额达到历史新高的 584150 万美元。在这一阶段，服务业跨国公司加大了对广州市信息传输、软件业和信息技术服务业，科学研究和综合技服务业等生产性服务业的投资力度。

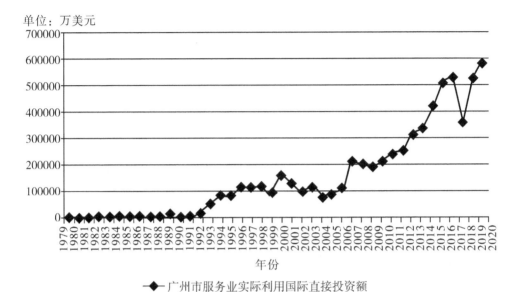

图3-1 1979—2020年广州市年服务业实际利用国际直接投资额

（资料来源：笔者根据《广州50年》、历年《广州统计年鉴》及《2020年广州市国民经济和社会发展统计公报》相关数据绘制）

3.1.2 服务业国际直接投资行业集中度高

由于广州市各服务行业的对外开放程度不同，以及外商追逐"成本最小化，利润最大化"的策略选择，因此服务业国际直接投资在广州市各服务行业的聚集度有很大差异，服务业国际直接投资的结构性倾向非常明显。

由表3-1可以看出，1995—2003年间，利润空间巨大的房地产业是最受国际直接投资偏爱的服务行业，其实际利用国际直接投资额一直在广州市服务业实际利用国际直接投资总额中占绝对优势比重。1996年，这一比重更高达86.77%。之后几年，该比重有所下降，2003年下降到63.38%。社会服务业，运输、仓储与邮电通信业两大传统劳动密集型服务业实际利用国际直接投资的比重位居第二、第三,其中,2003年它们所占比重分别达到13.86%和14.66%,合计将近30%。服务业国际直接投资偏好上述两个劳动密集型行业,这体现了服务业跨国公司充分利用广州市丰富而较为廉价的劳动力比较优势,从而降低生产经营成本的企业战略。批发、零售与餐饮业,卫生、体育和社会福利业也是吸收国际直接投资数额较多的行业,但这两个行业吸收国际直接投资数量总体呈现递减趋势,说明这一时期广州市上述两个服务行业尚未形成稳定的投资环境。广州市的教育、文艺和影视业,科学研究和综合技术服务业两大服务行业利用国际直接投资的数量和比重一直处于微不足道的地位,这与上述两个行业关系到国家意识形态,与国家限制国际直接投资进入有关。值得注意的是,随着中国加入世界贸易组织(World Trade Organization,WTO)和对外开放力度的进一步加大,广州市的金融、保险业成为国际直接投资的投资动向。金融、保险业实际利用国际直接投资数额实现从无到有,2003年所占比例达到0.88%,展现了国外金融资本蓄势待发且准备进军广州金融、保险行业的态势。

表3-1 广州市服务业分行业实际利用国际直接投资所占比重(1995—2003年)

单位:%

年份	运输、仓储与邮电通信业	批发、零售与餐饮业	金融、保险业	房地产业	社会服务业	卫生、体育和社会福利业	教育、文艺和影视业	科学研究和综合技术服务业
1995	2.88	6.28	0.00	84.40	0.00	4.03	1.49	0.24
1996	0.50	7.66	0.07	86.77	0.00	3.47	1.16	0.25
1997	6.92	5.27	0.00	63.49	7.88	5.48	3.54	0.02
1998	5.26	5.35	0.00	72.07	9.07	0.95	0.26	0.12
1999	4.20	3.33	0.00	75.06	7.80	1.91	0.18	0.06
2000	1.28	3.00	0.00	81.03	12.25	1.48	0.01	0.15

续表 3-1

年份	运输、仓储与邮电通信业	批发、零售与餐饮业	金融、保险业	房地产业	社会服务业	卫生、体育和社会福利业	教育、文艺和影视业	科学研究和综合技术服务业
2001	7.11	4.11	0.00	62.51	16.60	2.72	0.00	0.22
2002	12.84	3.18	0.00	66.81	12.81	1.64	0.10	0.10
2003	14.66	2.98	0.88	63.38	13.86	0.00	0.01	0.17

（资料来源：笔者根据《广州50年》及《广州统计年鉴》（2000—2004年）相关行业数据整理）

由表 3-2 可以看出，2004—2020 年间，房地产业依旧是国际直接投资在广州市最偏爱的行业，大量外资通过各种渠道源源不断地流入房地产业，带动广州市房地产市场投机与炒作情绪，推动广州市房价节节攀升。在 2015 年以前，房地产业实际利用国际直接投资在大多数年份中都占据服务业利用国际直接投资总额的半壁江山以上。2007 年，房地产业实际利用国际直接投资比重更是达到 78.12%。随着 2016 年中央经济工作会议提出"房子是用来住的，不是用来炒的"，并加大对房地产市场的调控力度，外资进入房地产业的脚步有所放缓。2020 年，房地产业实际利用国际直接投资比重下降到 15.14%。

表 3-2 广州市服务业分行业利用国际直接投资比重（2004—2020 年）

单位：%

年份	交通运输、仓储和邮政业	信息传输、计算机服务和软件业	批发和零售业	住宿和餐饮业	金融业	房地产业	租赁和商务服务业	科学研究、技术服务和地质勘查业	水利、环境和公共设施管理业	居民服务和其他服务业	教育	卫生、社会保障和社会福利业	文化体育和娱乐业
2004	1.68	4.46	2.51	9.69	0.02	46.52	26.68	0.73	1.57	1.80	—	0.02	4.31
2005	9.40	4.95	1.74	3.54	3.43	51.23	21.12	1.60	0.62	1.06	0.11	0.01	1.19

续表 3-2

年份	交通运输、仓储和邮政业	信息传输、计算机服务和软件业	批发和零售业	住宿和餐饮业	金融业	房地产业	租赁和商务服务业	科学研究、技术服务和地质勘查业	水利、环境和公共设施管理业	居民服务和其他服务业	教育	卫生、社会保障和社会福利业	文化、体育和娱乐业
2006	11.89	5.73	10.54	6.38	0.08	45.90	17.87	0.70	0.31	0.22	0.08	—	0.31
2007	4.84	1.89	4.11	0.69	0.14	78.12	4.83	1.94	—	0.13	0.04	0.05	3.23
2008	4.11	4.66	7.85	1.36	0.08	71.99	8.97	0.20	0.71	0.04	0.02		0.02
2009	11.37	4.45	11.73	2.25	1.58	49.98	14.15	1.54	1.31	1.27	0.03		0.33
2010	13.27	6.54	10.83	1.65	2.10	50.30	10.78	1.60	0.38	0.04	—		2.52
2011	6.69	5.19	18.32	1.75	3.60	47.37	12.37	2.07	0.14	0.32	—	0.03	2.15
2012	8.81	5.57	17.42	0.47	6.52	37.37	15.56	2.20	1.97	0.06	0.01		4.06
2013	4.06	5.74	15.99	1.38	18.74	28.73	12.85	2.24	8.46	0.47	0.002	—	1.34
2014	0.69	1.81	9.62	0.48	32.03	48.79	3.99	2.15	0.01	0.03	0.10	0.10	0.18
2015	0.48	5.93	7.53	0.93	12.40	64.80	2.43	4.62	—	0.04	0.01	0.79	0.02
2016	3.33	58.68	11.89	0.46	12.97	6.68	4.15	0.76	0.12	0.17	0.01		0.80
2017	1.57	36.85	7.30	0.21	11.95	8.06	19.57	3.10		0.05		0.18	11.14
2018	17.14	8.72	11.17	0.40	7.91	24.40	20.57	5.47	0.02	0.04	0.47	1.17	2.52
2019	9.27	6.36	9.16	0.08	3.03	25.97	38.55	7.48		0.002		0.01	0.10
2020	10.21	6.71	4.78	—	1.80	15.14	34.21	26.93		0.003	—	0.15	0.08

（资料来源：作者根据历年《广州统计年鉴》及《2020年广州市国民经济和社会发展统计公报》整理计算。"—"表示当年该数据缺失）

2004—2020年间，广州市租赁和商务服务业实际利用国际直接投资额位居第二，特别是2019年《粤港澳大湾区发展规划纲要》明确提出广州要"全面增强国际商贸中心功能"后，服务业跨国企业进一步加大了对广州市租赁和商务服务业的投资力度。2020年，租赁和商务服务业实际利用国际直接投资占比达到34.21%。近年来，广州市大力推动新一代信息技术产业发展，努力打造信息技术应用创新产业高地,软件和信息服务业已成为广州市的支柱产业之一。在政策和市场的双重驱动下,拥有敏锐市场嗅觉的国际资本大举流入为信息技术产业提供生产性服务的信息传输、计算机服务和软件业,推动该行业实际利用国际直接投资比重位列第三。2016年,信息传输、计算机服务和软件业实际利用国际直接投资比重一度达到58.68%。

2004—2020年间,广州市的批发和零售业实际利用国际直接投资比重位列第四。广州市作为千年商都,每年迎接全球大量从事批发和零售业务的商人前来经商。外资对广州市批发和零售业的大举投资,同样印证着广州市批发和零售业的繁荣兴旺。得益于广州市的综合交通枢纽功能,交通运输、仓储和邮政业也吸引着大量国外投资。在近半数年份中,交通运输、仓储和邮政业实际利用国际直接投资比重在10%左右。值得关注的是,随着中国加大金融领域的对外开放力度,金融业逐渐成为国际直接投资重点关注的领域。从2013年开始,广州市的金融业迎来了外商投资涌入的热潮。2014年,金融业实际利用国际直接投资比重达到32.03%,创下行业历史最高纪录。国际直接投资的大举流入,一方面盘活了金融业市场竞争局面,另一方面也催生出防范金融风险等金融安全问题。众所周知,金融业事关国家经济命脉,金融业开放必须本着"审慎、适度、有序"原则,在保障国家经济安全的前提下逐步实现对外开放。近两年,随着国际政治与经济形势的深度变革,金融业实际利用国际直接投资的比重显著下降。到了2020年,金融业实际利用国际直接投资下降到1.80%的低位。科学研究、技术服务和地质勘查业实际利用国际直接投资比重近年来稳步提升,特别是新冠肺炎疫情爆发以来,国外资本显著增加了对广州市该行业的投资兴趣与投资比重。2020年,科学研究、技术服务和地质勘查业实际利用国际直接投资比重达到历史最高的26.93%。

2004—2020年间,广州市的住宿和餐饮业实际利用国际直接投资比重呈现显著下降趋势,由2004年的9.69%下降到2019年的0.08%。其原因一方面是新冠肺炎疫情对住宿和餐饮业发展具有显著的负面影响;另一方面则是住宿和餐饮业属于传统低端服务行业,资金和技术准入门槛较低,市场同质化竞争激烈,规模经济效应不明显,缺乏长期利润回报预期。随着广州市产业结构的升级与服务业高端化步伐的加快,住宿和餐饮业逐渐失去外商投资的关注度。文化、体育和娱乐业实际利用国际直接投资比重在2017年达到11.14%,其余大多数年份的实际利用外资比重在0.02%~4%徘徊。水利、环境和公共设施管理业实际利用国际直接投资比重除了在2013年达到8.46%外,其余大多数年份中比重均不足1%。居民服务和其他服务业实际利用国际直接投资比重由2004年的1.80%下降到2020年的0.003%。卫生、社会保障和社会福利业属于国家公共产品供给行业,而教育关系到国家意识形态安全,这两个服务行业实际利用国际直接投资比重常年在0.5%以下。

3.1.3 广州市实际利用国际直接投资资金来源地趋于多样化

进入20世纪90年代以来,对广州市进行直接投资的国家和地区越来越多,广州市利用国际直接投资资金来源地开始遍及世界各地,呈现多样化特征。2019年,3446个国际直接投资项目落户广州。1978—2019年,广州市累计吸收国际直接投资项目已达40007个。优良的营商环境使广州市成为跨国公司理想的投资目的地。图3-2显示了2019年在广州市直接投资数量与份额排名前10位的国家和地区对广州市直接投资的情况,即广州市实际利用国际直接投资的资金来源分布。

由图3-2可以看出,2019年,中国香港是广州市国际直接投资的第一来源地,广州市实际利用香港直接投资额达462216万美元,

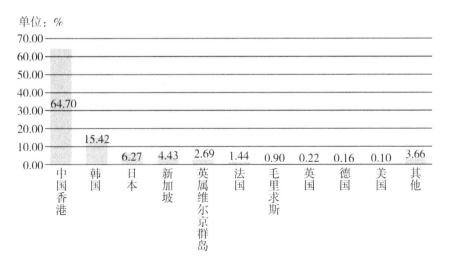

图3-2 2019年广州市实际利用国际直接投资的资金来源分布

（资料来源：笔者根据《广州统计年鉴（2020年）》相关数据绘制）

中国香港在广州市国际直接投资来源中占比高达64.70%。其原因在于：一方面，《粤港澳大湾区发展规划纲要》提出以来，广州和香港各自发挥比较优势、实现深度融合获得国家战略层面的支持。在打造一流湾区、世界级城市群的过程中，广州国际商贸中心和香港国际金融中心形成良好的互动，香港资金充裕的优势和广州市综合交通枢纽优势相得益彰，区域经济一体化和资金双向互通效应显著。另一方面，广州市经济发达且濒临香港，非常便于香港资金的流入，而且众多香港企业家祖籍都为广东、福建等沿海省份，因此，他们有在这些地区优先投资的意愿。2019年，广州市实际利用韩国直接投资额为110124万美元，韩国连续两年占据对广州国际直接投资份额排名第二的位置，成为近年来对广州直接投资增长显著的国家。日本、新加坡这两个亚洲发达国家在广州国际直接投资总份额中所占的比重居第三和第四位置。"避税天堂"英属维尔京群岛和毛里求斯对广州的直

服务业国际直接投资与劳动力市场变迁

接投资也长期占据较大比重,其原因在于部分避税资金以直接投资的形式将利润回流广州。可以预见的是,如果将来国际税收规则发生变革,全球最低企业税率的设定得以实现,避税资金流往"避税天堂"的数额将会减少,企业利润以直接投资方式回流广州的数额也将相应减少。法国、英国、德国和美国是对广州直接投资较多的西方发达国家。值得注意的是,近年来,资本充裕的美国对广州国际直接投资的比重出现明显下滑的趋势,仅勉强占据对广州国际直接投资比重排名第十的位置,反映出在百年未有之大变局下,中美战略博弈进入白热化阶段,地缘政治格局深刻演变,美国因政治因素干扰企业行为,限制与打压中美经贸与投资交流的意图明显。综合来看,在广州国际直接投资资金来源中,发达国家和地区对广州国际直接投资比重占据绝对优势,这非常有利于提高广州市利用外资的质量。

3.2 广州市服务业劳动力市场发展状况

作为粤港澳大湾区经济中心和综合性门户城市,改革开放40多年来,广州市获得飞速发展。2020年,广州市实现地区生产总值25019.11亿元,在全国各大城市中位居前列。经济增长带来就业岗位和就业人数的增加。2020年全年,广州市城镇新增就业29.50万人,帮助城镇登记失业人员实现再就业15.46万人,帮助就业困难人员实现再就业6.85万人。但新冠肺炎疫情导致的大量中小企业倒闭和工人下岗现象,以及来自全国四面八方的求职者,加剧了广州就业市场一直以来存在的供大于求的局面。2020年,广州市城镇登记失业率为2.53%,比2019年上升0.38%。可以看出,新冠肺炎疫情背景下,广州市面临相当不容乐观的就业形势,就业问题成为广州市亟待解决的社会问题。毫无疑问,一手抓疫情防控,一手保就业,是广州市未来相当长一段时间内需要面对的两大重要民生事项。

3.2.1 服务业劳动力就业数量逐年增加

经济的繁荣与快速发展使广州成为全国各地外来务工人员、各级学校毕业生、下岗职工等求职者的理想务工地点。"广州梦"成为承载全国各地劳动力大军的强大精神动力。面对日益庞大的求职军团，制造业等传统第二产业越来越显得无能为力，而就业潜力巨大的服务业在吸收广州市劳动力就业方面发挥着日益显著的作用。服务业当之无愧地成为吸纳广州市劳动力就业的最大"蓄水池"。

从图3-3可以看出，自从1978年改革开放以来，广州市服务业劳动力就业数量一直呈现上升的趋势。特别是2003年以来，图中曲线斜率显著变大，曲线变得陡峭，表明广州市服务业从业人数以一个更快的比率递增。其主要原因是，随着中国加入WTO和加大服务业对外开放各项承诺的履行，广州市服务业获得了快速发展的良好机遇，促进了服务业良好的发展势头，从而创造了更多的就业机会。2013年以来，随着中国"一带一路"倡议的提出和实施，广州市服务业进一步获得发展红利，吸纳劳动力的数量也再次呈现高速递增。这在图3-3中表现为2013年以后广州市服务业劳动力就业数量曲线斜率再次变大，曲线变得更为陡峭，表明服务业在吸纳劳动力就业方面还有继续增长的空间，潜力尚未完全发挥。

3.2.2 服务业劳动力就业比重迅猛提升

服务业劳动力市场的潜力不仅体现在就业数量的提升上，而且体现在服务业劳动力就业比重的提升上。图3-4直观地反映了服务业劳动力就业比重迅猛提升的趋势。从图中可以发现，改革开放以来，第三产业（服务业）劳动力就业比重呈现直线上升的趋势，并且在2013年"一带一路"倡议提出以来，服务业劳动力就业比重呈现加速上升的态势。与之形成比照的是，第一产业（农业）劳动力比重呈现直线下降趋势。第二产业（工业、建筑业）劳动力就业比重则呈现"稳步上升，基本保持平稳，稳步下降"的"圆弧顶"演变趋势。

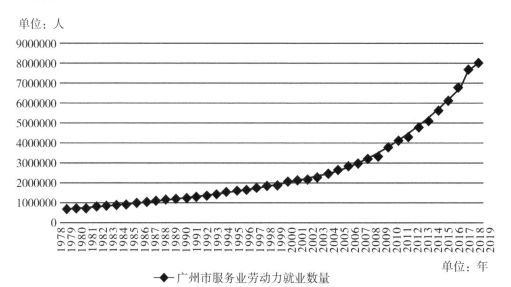

图3-3　1978—2019年广州市服务业劳动力就业数量

（资料来源：笔者根据《广州统计年鉴（2020年）》相关数据绘制）

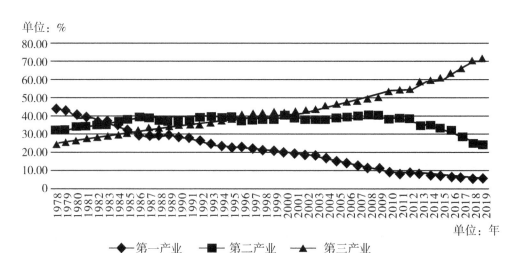

图3-4　1978—2019年广州市三大产业劳动力比重

（资料来源：笔者根据《广州统计年鉴（2020年）》相关数据绘制）

表3-3则从数据角度刻画了这一变化趋势。表中的统计数据显示，1978年，广州市服务业吸纳劳动力数量为64.55万，仅占广州市从业人数的24.18%。当年广州市从业人员占比最高的是农业（43.69%）。这清晰地反映出改革开放初期，广州市劳动力市场以农业人口为基础的劳动力市场结构。此后几年，广州市农业劳动力数量占比逐渐下降，第二产业和服务业劳动力数量占比不断上升，反映出广州市劳动力市场结构不断升级的历史事实。1986年，广州市服务业吸收劳动力人数为102.31万，占广州总从业人数的31.78%，首次高于农业劳动力人员比重（29.35%），但低于第二产业的比重（38.87%）。此后，广州市农业劳动力比重进一步下降，第二产业和服务业劳动力比重进一步上升。广州市形成了以第二产业劳动力为主导，服务业劳动力比重位居其次，农业劳动力比重最低的"二三一"型劳动力市场结构。直到1996年，服务业劳动力比重一举超过第二产业，成为广州市吸收劳动力人数最多的行业，广州市正式形成服务业劳动力占据主导地位，第二产业劳动力比重次之，农业劳动力占比最低的"三二一"型劳动力市场结构。至此，广州市劳动力市场完成了配第-克拉克定理所揭示的劳动力市场演进趋势。此后，广州市服务业劳动力所占比重进一步提升，第二产业劳动力所占比重在保持平稳的基础上逐渐下降，农业劳动力所占比重则呈现显著的下降趋势。2019年，广州市服务业吸收从业人数797.10万，比1978年增加11.35倍，平均每年增长6.32%，占广州总从业人数比重也达到历史最高的70.80%，这一比重比1978年高46.62个百分点。可以看出，服务业劳动力比重大幅增加，农业劳动力比重大幅降低，显示出改革开放以来，广州市服务业在促进农业人口向非农人口转移以及吸收农业剩余劳动力方面贡献巨大。

表3-3 广州市服务业劳动力就业数量及所占比重

年份	从业人员/人				构成/%		
	总数	第一产业	第二产业	第三产业	第一产业	第二产业	第三产业
1978	2668989	1165987	857527	645475	43.69	32.13	24.18
1979	2669339	1146295	856729	666315	42.94	32.10	24.96
1980	2750467	1106432	922756	721279	40.23	33.55	26.22
1981	2826109	1101101	955719	769289	38.96	33.82	27.22
1982	2937697	1091809	1022384	823504	37.17	34.80	28.03
1983	2982004	1090126	1039751	852127	36.56	34.87	28.57
1984	3054444	1050580	1105584	898280	34.39	36.20	29.41
1985	3134739	979869	1180526	974344	31.26	37.66	31.08
1986	3219162	944778	1251293	1023091	29.35	38.87	31.78
1987	3289666	956457	1271801	1061408	29.07	38.66	32.27
1988	3339840	955236	1239630	1144974	28.60	37.12	34.28
1989	3337439	965022	1204977	1167440	28.91	36.11	34.98
1990	3411513	963548	1241813	1206152	28.24	36.40	35.36
1991	3559487	982197	1309892	1267398	27.59	36.80	35.61
1992	3711150	972678	1431884	1306588	26.21	38.58	35.21
1993	3889617	943391	1533560	1412666	24.25	39.43	36.32
1994	3991455	927907	1550563	1512985	23.25	38.85	37.90
1995	4077775	924969	1583686	1569120	22.68	38.84	38.48
1996	4122092	935441	1547814	1638837	22.69	37.55	39.76
1997	4282130	932283	1628759	1721088	21.77	38.04	40.19
1998	4453911	936990	1703752	1813169	21.04	38.25	40.71
1999	4548852	930299	1750917	1867636	20.45	38.49	41.06
2000	4962579	956596	1982905	2023078	19.27	39.96	40.77
2001	5029338	969793	1960309	2099236	19.28	38.98	41.74
2002	5070216	949624	1953095	2167497	18.73	38.52	42.75

续表 3-3

年份	从业人员/人				构成/%		
	总数	第一产业	第二产业	第三产业	第一产业	第二产业	第三产业
2003	5210706	958819	2001677	2250210	18.40	38.42	43.18
2004	5407087	901318	2046552	2459217	16.67	37.85	45.48
2005	5744550	869141	2222177	2653232	15.13	38.68	46.19
2006	5994973	831303	2335315	2828355	13.87	38.95	47.18
2007	6236312	774596	2477232	2984484	12.42	39.72	47.86
2008	6529045	730174	2625645	3173226	11.18	40.22	48.60
2009	6791495	733557	2733281	3324657	10.80	40.25	48.95
2010	7110695	590223	2736424	3784048	8.30	38.48	53.22
2011	7644827	629012	2916585	4099230	8.23	38.15	53.62
2012	7945771	646030	3008191	4291550	8.13	37.86	54.01
2013	8251070	646758	2839653	4764659	7.84	34.42	57.74
2014	8749630	627996	3033806	5087828	7.18	34.67	58.15
2015	9279096	629254	3066200	5583642	6.78	33.04	60.18
2016	9800359	621426	3066503	6112430	6.34	31.29	62.37
2017	10371691	620657	2966789	6784245	5.98	28.60	65.42
2018	11023598	603377	2751831	7668390	5.47	24.96	69.57
2019	11258940	622398	2665507	7971035	5.53	23.67	70.80

(资料来源：笔者根据《广州统计年鉴（2020年）》整理)

3.2.3 服务业劳动力集中在劳动密集型服务行业

由于各服务行业性质不同，其对劳动力的素质要求有很大差异。劳动密集型服务业对劳动力人力资本并无太高要求，而资本密集型服务业则强调人力资本积累，要求劳动力有较高的综合素质。换言之，不同类型的服务业对不同类型的劳动力的吸收能力是不同的，劳动供给与岗位需求之间最终会形成能够显示本地区比较优势的劳动力市场结构。表3-4和表3-5反映了1995—2019年广州市服务业劳动力在不同服务行业间的分布状况。

由表3-4可以看出，1995—2002年间，批发、零售与餐饮业劳动力占广州市服务业劳动力的比重在所有服务行业中位居第一，而且这一时期比重长期保持稳定趋势。在2000年，这一比重一度接近40%。运输、仓储与邮电通信业，社会服务业这两个服务行业劳动力数量所占比重位居第二和第三。其中，运输、仓储与邮电通信业劳动力数量比重由1995年的16.91%下降到2002年的11.33%，而社会服务业劳动力数量比重则从1995年的11.82%逐渐上升到2002年的15.31%。可以看出，广州市服务业劳动力基本都集中在上述三个劳动密集型服务业中，三个行业的劳动力数量所占比重合计达到60%以上（其中，1997年，三个行业合计所占比重达到最大的65.91%），显示出广州市服务业劳动力市场结构是以劳动密集型服务业为主体的。其他行业方面，1995—2002年间，教育、文艺和影视业，卫生、体育和社会福利业两个行业的劳动力数量比重也相对较高，前者虽有下降趋势，但仍能保持8.5%以上的份额，而后者比重则稳定在4.5%左右。金融、保险业，房地产业，科学研究和综合技术服务业三个资本和技术密集型服务业，劳动力数量所占比重较小。其中，金融、保险业劳动力数量比重维持在3%左右，房地产业劳动力数量比重由1995年的0.91%升至2002年的2.32%，而科学研究和综合技术服务业则由3.08%降至1.80%。

表 3-4 广州市服务业分行业劳动力数量所占比重 (1995—2002 年)

单位:%

年份	运输、仓储与邮电通信业	批发、零售与餐饮业	金融、保险业	房地产业	社会服务业	卫生、体育和社会福利业	教育、文艺和影视业	科学研究和综合技术服务业
1995	16.91	35.98	2.76	0.91	11.82	4.45	10.08	3.08
1996	16.20	36.89	2.85	1.01	12.66	4.53	9.74	2.40
1997	15.87	37.13	2.86	1.25	12.91	4.48	9.43	2.25
1998	14.45	37.62	2.91	1.49	13.03	4.30	9.24	2.09
1999	13.61	37.72	2.87	1.42	13.91	4.30	9.24	2.07
2000	12.36	39.02	2.73	1.42	13.91	4.12	8.72	1.86
2001	11.56	38.71	2.92	1.52	14.58	4.14	8.69	1.79
2002	11.33	37.84	3.20	2.32	15.31	4.32	8.84	1.80

(资料来源:笔者根据《广州50年》及《广州统计年鉴(2000—2003年)》相关数据整理计算)

由表 3-5 可以发现,2003—2019 年间,批发和零售业,住宿和餐饮业,交通运输、仓储和邮政业,居民服务和其他服务业等四个服务行业的劳动力数量所占比重位居前四,显示出广州市服务业劳动力市场结构以劳动密集型服务业为主体的特征并没有发生明显变化,劳动密集型服务业是吸纳广州市劳动力就业的主要渠道,为广州市"保就业"政策目标的实现做出了重大贡献。值得关注的是,随着广州市服务业内部结构的进一步优化升级,近年来,越来越多的现代服务业和生产性服务业得到长足发展,并提供了越来越多的就业岗位,成为吸纳劳动力就业的新趋势。例如,租赁和商务服务业的劳动力数量所占比重从 2003 年的不足 3% 上升到 2019 年的 11.95%;科学研究、技术服务和地质勘查业劳动力数量所占比重从 2003 年的不足 2% 稳步上升到 2019 年的 6.71%;金融业劳动力数量所占比重虽然是长期稳定在 3% 左右的状态,但也在 2019 年飙升至 10.47%;信息传输、计算机服务和软件业劳动力数量所占比重从3%左右提升至7%左右。这些迹象表明，随着粤港澳大湾区的深度发展，广州市服务业也展现出良好的发展势头，生产性服务获得良好的发展机遇，也将逐渐发挥出对劳动力就业的贡献。

表3-5 广州市服务业分行业劳动力数量所占比重（2003—2019年）

单位:%

年份	交通运输、仓储和邮政业	信息传输、计算机服务和软件业	批发和零售业	住宿和餐饮业	金融业	房地产业	租赁和商务服务业	科学研究、技术服务和地质勘查业	水利、环境和公共设施管理业	居民服务和其他服务业	教育	卫生、社会保障和社会福利业	文化、体育和娱乐业	公共管理和社会组织
2003	10.37	3.44	20.46	19.39	2.94	2.76	2.34	1.98	1.20	16.85	8.15	3.86	1.25	5.00
2004	10.64	3.83	33.27	11.47	2.63	3.40	6.31	1.98	1.00	7.57	7.83	3.71	1.62	4.72
2005	10.86	4.20	33.17	8.99	2.30	3.62	6.89	1.99	1.00	8.85	7.91	3.81	1.73	4.67
2006	10.15	4.17	32.67	8.64	2.24	3.76	7.52	1.94	0.97	12.03	7.42	3.71	1.89	4.47
2007	9.99	4.32	34.82	9.41	2.26	4.02	7.94	2.00	0.98	12.71	7.73	3.71	1.89	4.70
2008	10.62	4.53	36.50	10.36	2.41	4.01	8.41	5.60	1.06	8.93	7.16	3.66	1.64	4.55
2009	10.64	4.25	36.93	10.42	2.46	3.82	7.84	5.18	1.03	9.16	7.24	3.72	1.53	4.53
2010	9.88	4.02	35.61	10.01	2.30	4.09	7.60	5.63	1.03	8.96	6.79	3.64	1.42	4.13
2011	9.73	3.62	36.93	10.78	2.99	4.60	3.87	2.11	1.06	5.87	6.35	3.38	1.37	4.26
2012	9.31	3.48	35.91	10.53	2.94	4.50	3.63	2.31	1.03	5.72	6.10	3.25	1.32	4.31
2013	9.79	3.56	34.07	9.46	2.27	5.07	4.53	2.99	1.19	6.39	4.59	2.21	1.33	3.24
2014	8.59	3.45	30.52	9.44	2.39	5.07	4.71	3.15	1.24	6.14	5.45	2.46	1.27	3.16
2015	8.10	3.50	28.41	8.57	1.88	4.55	4.99	3.10	1.09	6.27	5.15	2.35	1.17	3.08
2016	7.94	3.36	26.70	8.36	1.93	4.19	4.61	3.01	1.03	4.83	4.83	2.18	1.13	2.98
2017	7.45	3.56	25.02	7.79	1.77	5.15	4.61	2.87	0.98	5.96	4.58	1.99	1.09	2.80
2018	6.88	3.90	23.99	7.19	1.84	4.36	4.69	2.82	0.95	5.20	4.32	1.76	1.00	2.56
2019	7.01	7.18	25.03	7.11	10.47	6.12	11.95	6.71	1.04	3.95	5.03	2.93	1.67	3.64

（资料来源：笔者根据《广州统计年鉴（2004—2020年）》数据整理计算）

3.2.4 服务业劳动力工资水平存在显著行业差别

鉴于各服务行业的资本和技术密集程度存在显著差别，在生产价值链中的位置各不相同，盈利能力也有较大差异，因而处于生产价值链上下两端的服务行业能够产生较高的附加价值，具有较强的盈利能力，与其对应的劳动力也能获得较高的工资报酬；处于生产价值链中间环节的服务行业产生的附加价值较低，企业盈利的难度也较大，劳动力工资报酬水平也相对较低。表3-6反映了2019年广州市城镇非私营单位各服务行业在岗职工工资差异情况。

表3-6 2019年广州市服务业分行业在岗职工工资（城镇非私营单位）

服务行业	在岗职工工资总额/万元	在岗职工年平均工资/元
交通运输、仓储和邮政业	3365879	118226
批发和零售业	2973253	95992
住宿和餐饮业	674434	59699
信息传输、软件和信息技术服务业	3594088	167917
金融业	2982730	236043
房地产业	2447919	94083
租赁和商务服务业	3277579	91834
科学研究和技术服务业	2638022	162193
水利、环境和公共设施管理业	453707	74865
居民服务、修理和其他服务业	198498	69029
教育业	4561536	154834
卫生和社会工作	3545540	190072
文化、体育和娱乐业	559364	150181
公共管理、社会保障和社会组织	4282057	173559

表 3-6 显示，2019 年，广州市各服务行业劳动力工资水平存在较大差异。从在岗职工工资总额情况来看，教育业以 4561536 万元居于首位，居民服务、修理和其他服务业以 198498 万元居于末位。从在岗职工年平均工资情况来看，金融业，卫生和社会工作，公共管理、社会保障和社会组织三个服务行业位居前三，年平均工资分别达到 236043 元、190072 元和 173559 元。而水利、环境和公共设施管理业，居民服务、修理和其他服务业，住宿和餐饮业位居最后三位，年平均工资分别为 74865 元、69029 元和 59699 元。位居第一的金融业年平均工资是位居最后的住宿和餐饮业的 3.95 倍，显示出广州市服务业劳动力工资水平存在较大的行业差异。

第4章
服务业国际直接投资影响劳动力市场变迁的实证分析

4.1 服务业国际直接投资影响劳动力就业数量的实证分析

4.1.1 模型的构建

从国内外已有的研究成果来看,对于国际直接投资和就业之间的数量关系模型,大多数学者是对 Cobb–Douglas 生产函数(简称 C–D 生产函数)进行适当变形从而导出的,如 Hine 和 Wright（1998）、万欣荣等（2005）学者的研究。为了得出服务业国际直接投资对劳动力就业数量的影响,本书借鉴上述学者的方法,对 C–D 生产函数做以下推演:

已知 $Y = AK^{\alpha}L^{1-\alpha}$

其中,Y 表示服务业产出数量、K 表示服务业资本数量（包括内资和外资）、L 表示服务业劳动力数量、A 表示服务业全要素生产率。

移项得 $L^{1-\alpha} = YA^{-1}K^{-\alpha}$

两边取对数得 $(1-\alpha)\ln L = \ln Y + (-1)\ln A + (-\alpha)\ln K$

从而得出 $\ln L = \dfrac{1}{\alpha - 1}\ln A + \dfrac{1}{1-\alpha}\ln Y + \dfrac{\alpha}{\alpha - 1}\ln K$

对于大多数发展中国家来说,国外资本通常代表更高的生产技术和劳动生产率，国外资本和国内资本不是同质量的。但为了简化分析，假定所有国内资本和国外资本都是同质的，因此总资本等于国内资本和国外资本的加权平均，即 $K = K_d^\mu K_f^{1-\mu}$（李雪辉 等，2002）。其中 K_d 表示国内资本，K_f 表示国外投资，μ 代表本国资本在资本总量中所占比重，$1-\mu$ 代表国外资本在资本总量中所占比重。

将此代入上式，得 $\ln L = \dfrac{1}{\alpha-1}\ln A + \dfrac{1}{1-\alpha}\ln Y + \dfrac{\alpha\mu}{\alpha-1}\ln K_d + \dfrac{\alpha(1-\mu)}{\alpha-1}\ln K_f$

故服务业劳动力就业数量是关于服务业国内产出、服务业国内投资和服务业国外投资的函数。

4.1.2 变量选取

服务业是第三产业的一种，为了测算广州市服务业国际直接投资对劳动力就业数量的效应，根据上述模型，本书选取广州市第三产业从业人员数量（L）、第三产业增加值（GDP）、第三产业国内投资额（DI）及第三产业实际利用国际直接投资额（FDI）作为实证检验对象，数据来源于《广州50年》和历年《广州统计年鉴》。各变量的含义与设定如下：

第三产业从业人员数量（L）：采用广州市历年第三产业从业人员年底数，单位为人。

第三产业增加值（GDP）：采用广州市历年第三产业增加值，单位为万元。为了消除物价因素的影响，对其以广州居民消费价格指数（1978＝100）进行物价平减，化为第三产业增加值的实际值。

第三产业实际利用国际直接投资额（FDI）：用当年平均汇率将以美元为单位的广州市第三产业实际利用国际直接投资额转变为以人民币为单位，单位为万元；并对其以广州居民消费价格指数（1978＝

100）进行物价平减，消除物价影响，化为第三产业实际利用国际直接投资额的实际值。

第三产业国内投资额（DI）：将广州历年第三产业固定资产投资额减去第三产业利用国际直接投资额，单位为万元；并对其以居民消费价格指数（1978＝100）进行物价平减，化为第三产业国内投资额的实际值。

由于对时间序列数据进行自然对数变换不会改变数据的特征，却能使数据趋势线性化，并一定程度上消除时间序列中的异方差，因此，本书在实证分析时采用以上各变量的对数值，分别表示为 ln L、ln DI、ln FDI、ln GDP。对 ln L、ln DI、ln FDI、ln GDP 取一阶差分，分别用 D(ln L)、D(ln DI)、D(ln FDI)、D(ln GDP) 来表示。

4.1.3 单位根检验

ln L、ln DI、ln FDI、ln GDP 有明显的向上趋势，为非平稳时间序列。下面运用扩展迪克－富勒检验（augmented Dickey – Fuller test，以下简称"ADF 检验"）来对上述序列进行单位根检验。根据经济意义、数据轨迹图选择合适的检验方法，根据 SIC 准则选择恰当的滞后阶数，得到的 ADF 检验结果见表 4 – 1。

表 4 – 1　ADF 检验结果

变量	检验类型（CTP）	ADF 值	临界值			是否平稳
			1%	5%	10%	
ln L	(CT0)	－1.072178	－4.30982	－3.57424	－3.22173	非平稳
D(ln L)	(CN0)	－4.745871***	－3.68919	－2.97185	－2.62512	平稳
ln DI	(CN0)	－1.62576	－3.67932	－2.96777	－2.62299	非平稳
D(ln DI)	(CN0)	－3.75062***	－3.68919	－2.97185	－2.62512	平稳
ln FDI	(NN0)	0.927155	－2.64712	－1.95291	－1.61001	非平稳

续表 4-1

变量	检验类型 (CTP)	ADF 值	临界值			是否 平稳
			1%	5%	10%	
D(ln FDI)	(NN0)	-6.634763***	-2.65015	-1.95338	-1.6098	平稳
ln GDP	(CT0)	-2.016974	-4.30982	-3.57424	-3.22173	非平稳
D(ln GDP)	(CN0)	-5.518123***	-3.68919	-2.97185	-2.62512	平稳

（注：1. 检验类型中 C 表示截距项，T 表示含趋势项，P 表示滞后阶数。2. *表示在10%的显著性水平下通过检验；**表示在5%的显著性水平下通过检验；***表示在1%的显著性水平下通过检验。3. 使用的统计软件是 Eviews 5.0。下同。）

由表 4-1 可以看出，四个变量的水平值序列 ln L、ln DI、ln FDI、ln GDP 在 10% 的显著性水平下都无法通过单位根检验，即四个变量水平值序列均接受"存在单位根"的原假设，都是非平稳序列。同时，四个变量的一阶差分序列 D(ln L)、D(ln DI)、D(ln FDI)、D(ln GDP) 均在 1% 的显著性水平下拒绝"存在单位根"的假设，说明在 1% 的显著性水平下，四个时间序列经过差分之后都变得平稳了。因此，ln L、ln DI、ln FDI、ln GDP 是一阶单整 $I(1)$ 序列。通过了单位根检验就可进行下一步的协整分析。

4.1.4　协整分析

本书利用 Johansen（1988）提出的基于向量自回归模型的回归系数检验的协整检验方法对 ln L、ln DI、ln FDI、ln GDP 四个变量进行协整分析，检验 ln L、ln DI、ln FDI、ln GDP 变量之间是否存在一种长期均衡关系。根据经济意义、数据轨迹图选择"序列有确定性趋势、协整方程具有截距项"，根据 AIC 准则和 SC 准则选择滞后阶数为 1，得到的协整检验结果见表 4-2。

表4-2 ln L、ln DI、ln FDI、ln GDP 的协整检验

协整向量	特征根	迹统计量	临界值（5%）	P值	协整向量数
ln L、ln DI、ln FDI、ln GDP	0.651891	53.29873	47.85613	0.0141	None
ln L、ln DI、ln FDI、ln GDP	0.327861	23.75206	29.79707	0.2111	At most one

从表4-2可以看出，在5%的显著性水平上，拒绝"没有协整方程"的假设，接受"至少有一个协整方程"的假设，即ln L、ln DI、ln FDI 和 ln GDP 四个变量之间存在一个协整关系，协整方程为：

$$\ln L = 11.1415 - 0.4077\ln DI + 0.1223\ln FDI + 0.6329\ln GDP$$
$$(-4.879) \quad (4.471) \quad (11.984)$$

协整方程显示所有变量系数均通过 t 检验，在长期稳定的均衡关系中，广州市服务业国内投资每增加1%，服务业从业人员将减少0.4077%；广州市服务业利用国际直接投资每增长1%，会引发就业数量增长0.1223%；服务业经济增长每增加1%，就业数量可增加0.6329%。

4.1.5 向量误差修正模型

协整方程反映的是变量间一种长期稳定的均衡关系。但是在短期内，这些变量可以是不均衡的，可以出现偏离长期均衡的状况。向量误差修正模型（vector error correction model，VECM）是可以反映变量间的这种短期不均衡动态关系的模型，它将变量的短期波动和长期均衡结合在一个模型之中，显示变量由短期不均衡转向长期均衡状态的动态调整过程。

向量误差修正模型是施加协整约束的VAR模型，根据AIC和SC准则选择模型滞后阶数为1，建立广州服务业就业数量的VEC(1)模型，见表4-3。

表4-3　VEC(1)模型估计结果

解释变量	回归方程（1）$\Delta \ln L_t$	回归方程（2）$\Delta \ln DI_t$	回归方程（3）$\Delta \ln FDI_t$	回归方程（4）$\Delta \ln GDP_t$
$\Delta \ln L_{t-1}$	0.087334	-1.298784	0.996007	-0.89437
	[0.46247]	[-1.13856]	[0.21536]	[-1.32049]
$\Delta \ln DI_{t-1}$	0.051691	0.55154	1.725147	-0.118582
	[1.89092]	[3.34008]	[2.57688]	[-1.20947]
$\Delta \ln FDI_{t-1}$	-0.010487	-0.043012	-0.242874	0.015161
	[-1.32693]	[-0.90093]	[-1.25478]	[0.53485]
$\Delta \ln GDP_{t-1}$	0.042072	-0.898057	-1.460255	0.022277
	[0.67465]	[-2.38400]	[-0.95614]	[0.09960]
C	0.040145	0.254846	0.11903	0.187591
	[3.00870]	[3.16188]	[0.36426]	[3.91994]
$vecm_{t-1}$	-0.112601	-1.83129	1.386662	0.274968
	[-1.50688]	[-4.05707]	[0.75773]	[1.02597]
R^2	0.246522	0.546428	0.408772	0.165551

（注：方括号中的数值是 t 统计量，向量误差修正项 $vecm_{t-1} = \ln L_{t-1} - 11.1415 + 0.4077\ln DI_{t-1} - 0.1223\ln FDI_{t-1} - 0.6329\ln GDP_{t-1}$。）

模型整体效果良好，可决性残差协方差为 6.15×10^{-1}，对数似然值为119.269，AIC 准则值为 -6.519，SC 准则值为 -5.187071。对模型进行平稳性检验，发现模型的所有特征根均位于单位圆之内，模型稳定。模型符合各项计量统计标准，可以作为进一步分析的依据。

从 VEC(1)模型中回归方程（1）可以看出，向量误差修正项系数为 -0.1126，模型具有反向修正的机制，反映了对短期偏离长期均衡的调整力度，表明当短期波动使服务业就业数量偏离与各解释变量之间的长期均衡关系时，经济系统将以11.26%的速率将这种短期非均衡状态拉回到长期均衡水平。反向误差修正的作用机理为：当 $\ln L_{t-1} > 11.1415 + 0.4077\ln DI_{t-1} - 0.1223\ln FDI_{t-1} - 0.6329\ln GDP_{t-1}$

的时候，$vecm_{t-1}$ 为正，但负的误差修正项系数使其对 $\Delta \ln L_t$ 有减少作用；当 $\ln L_{t-1} < 11.1415 + 0.4077 \ln DI_{t-1} - 0.1223 \ln FDI_{t-1} - 0.6329 \ln GDP_{t-1}$ 的时候，$vecm_{t-1}$ 为负，但负的误差修正项系数使其对 $\Delta \ln L_t$ 有增加作用。同时，在短期中，滞后一期的国内投资、国际直接投资和服务业经济增长的变化率对当期就业数量变化率的效应分别为 0.0517、-0.0105 和 0.0421，表明短期中，服务业 FDI 每增长 1%，将引起就业数量减少 0.0105%。服务业 FDI 变化率的效应在短期和长期是不一致的，短期服务业 FDI 的增加对就业数量有减少作用，长期服务业 FDI 的增加对就业数量有促进作用，并且这种影响机制从短期非均衡逐渐趋近于长期均衡状态。

4.1.6 Granger 因果关系检验

为了进一步揭示各变量之间的关系，本书运用 Granger（1980）提出的因果关系检验法，对 $\ln L$ 和 $\ln DI$、$\ln L$ 和 $\ln FDI$、$\ln L$ 和 $\ln GDP$ 之间是否存在因果关系进行检验。选择合适的滞后期，得到的检验结果见表 4-4。

表 4-4 Granger 因果关系检验结果

零假设	滞后期	F 统计量	P 值
ln DI does not Granger Cause ln L	2	1.26724	0.30054
ln L does not Granger Cause ln DI	2	3.8007**	0.03748
ln FDI does not Granger Cause ln L	1	3.18186*	0.08614
ln L does not Granger Cause ln FDI	1	4.05010*	0.05463
ln GDP does not Granger Cause ln L	2	7.98784***	0.00232
ln L does not Granger Cause ln GDP	2	3.04816*	0.06695

从表 4-4 可以看出，在 10% 的显著性水平下，$\ln DI$ 和 $\ln L$ 之间存在 $\ln L \rightarrow \ln DI$ 的单向因果关系，说明国内投资尚不能成为就业数

量的 Granger 原因，而就业数量是引起服务业国内投资的原因；ln FDI 和 ln L 之间存在 ln FDI↔ln L 的双向因果关系，说明服务业 FDI 是影响广州服务业就业数量的重要因素，服务业 FDI 的就业数量效应显著存在，同时，服务业就业数量变化也会引起服务业 FDI 变动；ln GDP 和 ln L 之间存在 ln GDP↔ln L 的双向因果关系，说明广州服务业经济增长是影响就业数量的因素，就业数量也是引起服务业经济增长的原因。

4.1.7 脉冲响应和方差分解分析

为了刻画广州市服务业国际直接投资和劳动力就业数量之间在时序维度的长期动态影响，详细分析服务业国际直接投资和劳动力就业数量之间的互动关系，本书利用表 4-3 建立的 VEC(1) 模型进行脉冲响应和方差分解分析。

4.1.7.1 脉冲响应分析

脉冲响应函数（impulse response function）被用以反映扰动项加上一个单位标准差的新息冲击（innovation）所导致的对内生变量当前值和未来值的影响。一般的脉冲响应函数的缺点在于，随着向量自回归中变量顺序的改变，脉冲响应函数的分析结果也会出现较大的差异。广义脉冲响应函数可以很好地解决这一问题，利用广义脉冲响应函数所得的结果与向量自回归模型中的变量顺序无关（Pesaran et al.，1998）。

根据表 4-3 中 VEC(1) 模型，采用广义脉冲响应对 ln L 和 ln FDI 对于一个标准差新息的响应进行计算与分析。得到的脉冲响应函数轨迹如图 4-1、图 4-2 所示。

由图 4-1 可以看出，ln L 对于服务业国际直接投资一个标准差新息冲击的脉冲响应在第 1 期就表现出正效应，并在第 3 期达到最大值 0.0074，此后正效应有所消减并维持在 0.005 左右。广义脉冲响应函数表明，服务业国际直接投资的某一正向冲击会给服务业劳动力就业数量带来同向的冲击，这一冲击具有显著的促进作用和较长的持续时间。

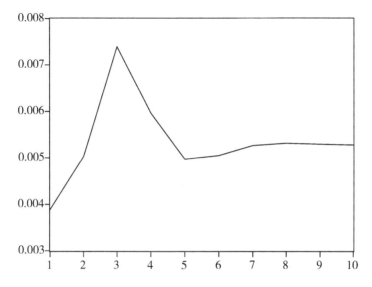

图 4-1　ln L 对 ln FDI 一个标准差新息的广义脉冲响应

由图 4-2 可以看出，服务业劳动力就业数量的一个标准差的正向扰动在当期就给服务业国际直接投资以较大的正向影响，此后正效应逐期递减，第 4 期减为最小值 0.0178；响应轨迹在第 5 期开始稳定，一直维持在 0.03 左右。广义脉冲响应函数表明广州服务业劳动力就业数量的正向冲击经过市场传递后，对服务业国际直接投资带来正向影响，服务业劳动力的增长能够促进跨国公司对广州服务业的直接投资。

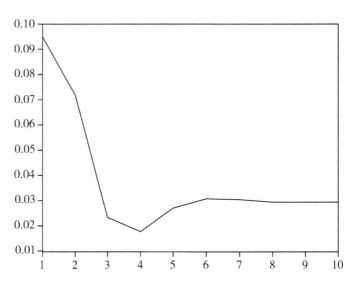

图4-2 ln FDI 对 ln L 一个标准差新息的广义脉冲响应

4.1.7.2 方差分解分析

方差分解（variance decomposition）通过分析每一个结构冲击对内生变量变化的贡献度，进一步测度不同结构冲击的重要性。下面分别对广州服务业劳动力就业数量和服务业国际直接投资进行方差分解，结果见表4-5、表4-6。

由表4-5可以看出，ln L 的预测方差受其自身的影响最大，虽然从第1期开始逐期递减，但整体都维持在很高的水平，第10期仍高达83.63%。ln GDP、ln FDI、ln DI 三者对 ln L 的影响作用依次递减。其中，ln FDI 对 ln L 的预测方差贡献度总体维持在接近3%的水平。结合脉冲响应函数可知，服务业国际直接投资对服务业劳动力就业数量的增长有促进作用。

表4-5　ln L 的预测方差分解

Period	S.E.	ln L	ln DI	ln FDI	ln GDP
1	0.020736	100	0	0	0
2	0.031455	92.70601	0.23972	0.196127	6.858147
3	0.038896	86.53021	0.174484	2.65438	10.64092
4	0.045056	84.75971	0.250778	3.149321	11.84019
5	0.050464	84.43229	0.264974	2.958967	12.34377
6	0.055296	84.24252	0.253001	2.823261	12.68121
7	0.059724	84.0401	0.242781	2.778495	12.93862
8	0.063854	83.86533	0.236999	2.759848	13.13782
9	0.067737	83.73035	0.23333	2.742713	13.29361
10	0.071409	83.62596	0.230417	2.726207	13.41742

由表4-6可以看出，ln FDI 的预测方差受其自身的影响最大，整体都维持在90%以上水平（第2期、第3期除外）。ln DI、ln L、ln GDP三者对 ln FDI 的影响作用依次递减。其中，ln L 对 ln FDI 的预测方差贡献度逐期递增，第10期达到1.77%。结合脉冲响应函数可知，服务业劳动力就业数量增加对服务业引资具有正效应。

表4-6　ln FDI 的预测方差分解

Period	S.E.	ln L	ln DI	ln FDI	ln GDP
1	0.020736	0	0	100	0
2	0.031455	0.033599	10.8431	87.72082	1.402483
3	0.038896	0.952188	8.682161	89.53391	0.831745
4	0.045056	1.456296	6.594614	91.38166	0.567432
5	0.050464	1.601162	5.5244	92.43746	0.436979
6	0.055296	1.652741	4.968747	93.02105	0.357465
7	0.059724	1.690452	4.620941	93.38577	0.302834

续表 4-6

Period	S.E.	ln L	ln DI	ln FDI	ln GDP
8	0.063854	1.723412	4.362828	93.65122	0.262541
9	0.067737	1.750094	4.159412	93.85887	0.231624
10	0.071409	1.770918	3.997204	94.02464	0.207235

4.2 服务业国际直接投资影响劳动力就业质量的实证分析

4.2.1 模型的构建

为了得到服务业 FDI 对工资水平影响的数学模型,此处同样假设全国范围生产函数为 Cobb–Douglas 生产函数。

根据上一节假设,有 $K = K_d^\mu K_f^{1-\mu}$

代入 C–D 生产函数 $Y = AK^\alpha L^{1-\alpha}$

得到 $Y = A(K_d^\mu K_f^{1-\mu})^\alpha L^{1-\alpha} = AK_d^{\alpha\mu} K_f^{\alpha(1-\mu)} L^{1-\alpha}$

设单位资本成本(利率水平)为 r,单位劳动成本(工资水平)为 w,则成本函数 $C = wL + r(K_d + K_f)$

因此,利润函数为 $\pi = AK_d^{\alpha\mu} K_f^{\alpha(1-\mu)} L^{1-\alpha} - wL - r(K_d + K_f)$

根据利润最大化原则,两边对 L 求一阶偏导数,并令其等于 0,即 $\dfrac{\partial \pi}{\partial L} = A(1-\alpha) K_d^{\alpha\mu} K_f^{\alpha(1-\mu)} L^{-\alpha} - w = 0$

得 $w = A(1-\alpha) K_d^{\alpha\mu} K_f^{\alpha(1-\mu)} L^{-\alpha}$

两边取对数,得到 $\ln w = \ln(1-\alpha) + \ln A + \alpha\mu \ln K_d + \alpha(1-\mu) \ln K_f + (-\alpha) \ln L$

因此,服务业工资水平是关于服务业国内投资、服务业国外投资及服务业劳动力数量的函数。

4.2.2 变量选取

由于服务业经济发展水平也会对服务业工资水平有较大影响，因此，本节实证研究对上述模型进行扩展，把服务业经济发展水平也加入上述模型作为其中的解释变量。选取广州市第三产业职工平均工资（W）、第三产业国内投资额（DI）、第三产业实际利用国际直接投资额（FDI）、第三产业增加值（GDP）及第三产业从业人数（L）作为实证检验对象。第三产业增加值（GDP）、第三产业从业人数（L）、第三产业实际利用国际直接投资额（FDI）、第三产业国内投资额（DI）的含义及数据与前文所述相同；第三产业职工平均工资（W）为广州市各服务行业职工年平均工资的平均数，单位为元，以广州居民消费价格指数（1978 = 100）进行物价平减，化为第三产业职工平均工资的实际值。数据来源于《广州50年》和历年《广州统计年鉴》。

对以上各变量取对数，分别表示为 $\ln W$、$\ln DI$、$\ln FDI$、$\ln GDP$、$\ln L$。对 $\ln W$、$\ln DI$、$\ln FDI$、$\ln GDP$、$\ln L$ 取一阶差分，分别用 $D(\ln W)$、$D(\ln DI)$、$D(\ln FDI)$、$D(\ln GDP)$、$D(\ln L)$ 来表示。

4.2.3 单位根检验

可以发现，$\ln W$、$\ln DI$、$\ln FDI$、$\ln GDP$、$\ln L$ 有明显的向上趋势，为非平稳时间序列。下面运用扩展迪克 – 富勒检验（augmented Dickey – Fuller test）来对上述序列进行单位根检验。根据经济意义、数据轨迹图选择合适的检验方法，根据 SIC 准则选择恰当的滞后阶数，得到的 ADF 检验结果见表 4 – 7。

表4-7 单位根平稳性检验结果

变量	检验类型（CTP）	ADF值	临界值			是否平稳
			1%	5%	10%	
ln W	(CT1)	-1.952254	-4.32398	-3.58062	-3.22533	非平稳
D(ln W)	(CN0)	-3.136695**	-3.68919	-2.97185	-2.62512	平稳
ln DI	(CN0)	-1.62576	-3.67932	-2.96777	-2.62299	非平稳
D(ln DI)	(CN0)	-3.75062***	-3.68919	-2.97185	-2.62512	平稳
ln FDI	(NN0)	0.927155	-2.64712	-1.95291	-1.61001	非平稳
D(ln FDI)	(NN0)	-6.634763***	-2.65015	-1.95338	-1.6098	平稳
ln GDP	(CT0)	-2.016974	-4.30982	-3.57424	-3.22173	非平稳
D(ln GDP)	(CN0)	-5.518123***	-3.68919	-2.97185	-2.62512	平稳
ln L	(CT0)	-1.072178	-4.30982	-3.57424	-3.22173	非平稳
D(ln L)	(CN0)	-4.745871***	-3.68919	-2.97185	-2.62512	平稳

（注：1. 检验类型中 C 表示截距项，T 表示含趋势项，P 表示滞后阶数。2. *表示在10%的显著性水平下通过检验；**表示在5%的显著性水平下通过检验；***表示在1%的显著性水平下通过检验。3. 使用的统计软件是 Eviews 5.0。下同。）

由表4-7可以看出，五个变量的水平值序列 ln W、ln DI、ln FDI、ln GDP、ln L 在10%的显著性水平下都无法通过单位根检验，即五个变量水平值序列均接受"存在单位根"的原假设，都是非平稳序列。同时，五个变量的一阶差分序列 D(ln W)、D(ln DI)、D(ln FDI)、D(ln GDP)、D(ln L) 均至少在5%的显著性水平下拒绝"存在单位根"的假设，说明在5%的显著性水平下，五个时间序列经过差分之后都变得平稳了。因此，ln W、ln DI、ln FDI、ln GDP、ln L 是一阶单整 $I(1)$ 序列。通过了单位根检验就可进行下一步的协整分析。

4.2.4 协整检验

根据经济意义、数据轨迹图选择"序列有确定性趋势、协整方程具有截距项"，根据 AIC 准则和 SC 准则选择滞后阶数为1，得到的协整检验结果见表 4-8。

表 4-8　ln W、ln DI、ln FDI、ln GDP、ln L 的协整检验

协整向量	特征根	迹统计量	临界值(5%)	P值	协整向量数
ln W、ln DI、ln FDI、ln GDP、ln L	0.741062	82.661	69.81889	0.0034	None
ln W、ln DI、ln FDI、ln GDP、ln L	0.524235	44.82829	47.85613	0.0936	At most one

从表 4-8 可以看出，在 5% 的显著性水平上，拒绝"没有协整方程"的假设，接受"至少有一个协整方程"的假设，即 ln W、ln DI、ln FDI、ln GDP、ln L 五个变量之间存在一个协整关系，协整方程为：

$$\ln W = -133.2876 - 2.0428\ln DI + 0.7573\ln FDI + 6.6982\ln GDP - 12.5587\ln L$$
$$(-4.110) \quad (4.296) \quad (9.382) \quad (-6.993)$$

协整方程显示所有变量系数均通过 t 检验，在长期稳定均衡关系中，广州市服务业国内投资每增加 1%，服务业平均工资水平会降低 2.0428%；广州市服务业利用国际直接投资每增长 1%，会引发工资水平增长 0.7573%；服务业经济增长每增加 1%，工资水平可增加 6.6982%；服务业劳动力数量每增加 1%，服务业工资水平会降低 12.5587%。

4.2.5　向量误差修正模型

为了反映上述五个变量之间的短期变化情况，建立向量误差修正模型。根据 AIC 和 SC 准则选择模型滞后阶数为 1，建立广州市服务业平均工资水平的 VEC(1) 模型，详见表 4-9。

表4-9 VEC(1) 模型估计结果

解释变量	回归方程（1）$\Delta\ln W_t$	回归方程（2）$\Delta\ln DI_t$	回归方程（3）$\Delta\ln FDI_t$	回归方程（4）$\Delta\ln GDP_t$	回归方程（5）$\Delta\ln L_t$
$\Delta\ln W_{t-1}$	0.53679	-0.128795	-0.980764	0.297617	-0.129813
	[2.51724]	[-0.29109]	[-0.58768]	[1.24860]	[-2.27956]
$\Delta\ln DI_{t-1}$	-0.003098	0.414796	1.849114	-0.107104	0.053477
	[-0.03805]	[2.45523]	[2.90181]	[-1.17680]	[2.45942]
$\Delta\ln FDI_{t-1}$	0.00467	-0.008326	-0.257166	0.009022	-0.0115
	[0.20033]	[-0.17216]	[-1.40972]	[0.34627]	[-1.84749]
$\Delta\ln GDP_{t-1}$	-0.143036	-1.139025	-0.780041	-0.044273	0.029904
	[-0.58859]	[-2.25895]	[-0.41015]	[-0.16299]	[0.46080]
$\Delta\ln L_{t-1}$	-0.186074	-1.556738	0.676457	-0.722567	0.012861
	[-0.30592]	[-1.23352]	[0.14211]	[-1.06279]	[0.07918]
C	0.063235	0.319675	0.111192	0.163942	0.055609
	[1.35862]	[3.31022]	[0.30526]	[3.15122]	[4.47400]
$vecm_{t-1}$	0.012064	-0.232418	0.19041	0.036986	-0.024772
	[0.36073]	[-3.34947]	[0.72752]	[0.98943]	[-2.77375]
R^2	0.250619	0.484099	0.417955	0.218662	0.481989

（注：方括号中的数值是 t 统计量，$vecm_{t-1} = \ln W + 133.2876 + 2.0428\ln DI - 0.7573\ln FDI - 6.6982\ln GDP + 12.5587\ln L$。）

模型整体效果良好，可决性残差协方差为 1.55×10^{-11}，对数似然值为169.922，AIC准则值为-9.28，SC准则值为-7.377。对模型进行平稳性检验，发现模型所有特征根均位于单位圆之内，模型稳定。模型符合各项计量统计标准，可以作为进一步分析的依据。

从VEC(1)模型中回归方程（1）可以看出，在短期，滞后一期的国内投资、国际直接投资、服务业经济增长和劳动力人数的变化率对当期工资水平变化率的效应分别为-0.003、0.005、-0.143和-0.186，表明短期中，服务业国际直接投资每增长1%，将引起服业平均工资水平增加 0.005%。可以看出，无论是短期还是长期，服务业国际直接投资都对广州市服务业平均工资起到促进作用，服务业国际直接投资变化率的效应在短期和长期是一致的。

4.2.6　Granger 因果关系检验

对 $\ln W$ 和 $\ln DI$、$\ln W$ 和 $\ln FDI$、$\ln W$ 和 $\ln GDP$、$\ln W$ 和 $\ln L$ 之间是否存在因果关系进行 Granger 因果关系检验。选择合适的滞后期，得到的检验结果见表 4 – 10。

表 4 – 10　Granger 因果关系检验结果

零假设	滞后期	F 统计量	P 值
$\ln DI$ does not Granger Cause $\ln W$	3	1.07672	0.38144
$\ln W$ does not Granger Cause $\ln DI$	3	1.77168	0.18495
$\ln FDI$ does not Granger Cause $\ln W$	6	6.1255***	0.00492
$\ln W$ does not Granger Cause $\ln FDI$	6	0.45096	0.83008
$\ln GDP$ does not Granger Cause $\ln W$	6	4.04238**	0.02188
$\ln W$ does not Granger Cause $\ln GDP$	6	0.7207	0.64188
$\ln L$ does not Granger Cause $\ln W$	2	2.25056	0.12804
$\ln W$ does not Granger Cause $\ln L$	2	4.58772**	0.02105

从表 4 – 10 可以看出，在 5% 的显著性水平下，$\ln DI$ 和 $\ln W$ 之间不存在因果关系；$\ln FDI$ 和 $\ln W$ 之间存在 $\ln FDI \rightarrow \ln W$ 的单向因果关系，说明服务业国际直接投资是影响广州市服务业平均工资水平的重要因素，服务业国际直接投资的就业质量效应显著存在；$\ln GDP$ 和 $\ln W$ 之间存在 $\ln GDP \rightarrow \ln W$ 的单向因果关系，说明广州市服务业经济增长是影响工资水平的原因；$\ln L$ 和 $\ln W$ 之间存在 $\ln W \rightarrow \ln L$ 的单向因果关系。

4.2.7 脉冲响应和方差分解分析

4.2.7.1 脉冲响应分析

根据表4-9中的VEC(1)模型，采用广义脉冲响应对 ln W 和 ln FDI 对于一个标准差新息的响应进行计算与分析。得到的脉冲响应函数轨迹如图4-3、图4-4所示。

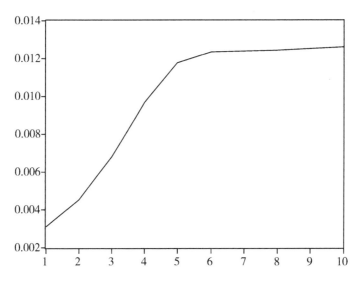

4-3 ln W 对 ln FDI 一个标准差新息的广义脉冲响应

由图4-3可以看出，ln W 对于服务业国际直接投资一个标准差新息冲击的脉冲响应在第1期就表现出正效应，此后正效应逐期递增，第5期达到0.01176，其后趋于平稳，维持在0.0125左右。广义脉冲响应函数表明，服务业国际直接投资的某一正向冲击会给平均工资水平带来同向的冲击，这一冲击具有显著的促进作用和较长的持续时间。

由图4-4可以看出，服务业平均工资水平一个标准差的正向扰动在当期就给服务业国际直接投资以负向影响，第3期负向影响最大

值为 -0.14192，此后这种负向影响有所减少，在第 6 期后趋于平稳，维持在 -0.07 左右。广义脉冲响应函数表明，广州服务业平均工资水平的正向冲击经过市场传递后对服务业 FDI 带来负向影响。一方面，服务业平均工资水平的增长增加了跨国服务企业在东道国从事生产经营活动的劳动力成本；另一方面，劳动力工资水平的上涨减少了外资企业获得的净利润，迫使外资企业将生产迁移至生产成本更加廉价的国家（地区），对跨国直接投资具有抑制作用（郭娟娟，2019）。马双、赖漫桐（2020）的研究也同样揭示，劳动力成本的外生增长将显著减少国际直接投资的进入，并且主要是通过已有的外商投资企业减少投资规模实现的。

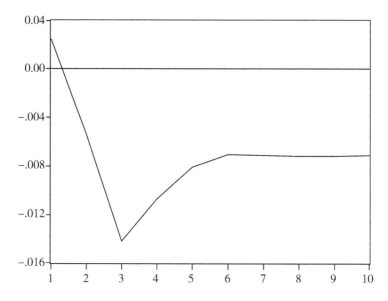

图 4-4 ln FDI 对 ln W 一个标准差新息的广义脉冲响应

4.2.7.2 方差分解分析

分别对广州市服务业平均工资水平和服务业国际直接投资进行预测方差分解，结果详见表 4-11、表 4-12。

由表 4-11 可以看出，$\ln W$ 的预测方差受其自身的影响最大，虽然从第 1 期开始逐期递减，但整体都维持在很高的水平，第 10 期仍高达 95.66%。$\ln GDP$、$\ln DI$、$\ln FDI$、$\ln L$ 四者对 $\ln W$ 的预测方差贡献度依次递减。其中，$\ln FDI$ 对 $\ln W$ 的预测方差贡献度逐期递增，第 10 期达到 0.12%；结合脉冲响应函数可知，服务业国际直接投资对服务业工资水平的增长有促进作用。

表 4-11　$\ln W$ 的预测方差分解

Period	S.E.	$\ln W$	$\ln DI$	$\ln FDI$	$\ln GDP$	$\ln L$
1	0.065898	100	0	0	0	0
2	0.117547	98.3305	0.002745	0.000513	1.664531	0.001716
3	0.161984	97.12121	0.00987	0.005202	2.86045	0.003267
4	0.199345	96.49887	0.05229	0.024063	3.42219	0.002585
5	0.231945	96.1836	0.092145	0.055751	3.660149	0.00835
6	0.261352	96.00488	0.116059	0.080465	3.784584	0.014011
7	0.28824	95.88047	0.130791	0.096411	3.874845	0.017481
8	0.313018	95.78543	0.141612	0.107572	3.945625	0.019764
9	0.336039	95.71236	0.150272	0.116253	3.999542	0.021573
10	0.357612	95.65592	0.157196	0.123253	4.040537	0.023089

由表 4-12 可以看出，$\ln FDI$ 的预测方差受其自身的影响最大，整体都维持在 85% 左右。$\ln DI$、$\ln W$、$\ln L$、$\ln GDP$ 四者对 $\ln FDI$ 的影响作用依次递减。其中，$\ln W$ 对 $\ln FDI$ 的预测方差贡献度呈现先增后减趋势，达到第 4 期最大的 3.65% 后开始逐渐减少，第 10 期减少至 2.85%；结合脉冲响应函数可知，由于跨国服务企业看重的是广州市充裕而廉价的劳动力资源，服务业工资水平的上升增加了跨国服务企业的劳动力成本支出，因此对广州市服务业引资具有负效应。

表 4-12　ln *FDI* 的预测方差分解

Period	S.E.	ln W	ln DI	ln FDI	ln GDP	ln L
1	0.065898	0	0	100	0	0
2	0.117547	1.04796	9.821909	86.54806	2.237746	0.344321
3	0.161984	3.461859	10.60738	83.36672	1.634008	0.930031
4	0.199345	3.65318	10.51666	83.37543	1.168857	1.285872
5	0.231945	3.446785	10.44327	83.70629	0.96096	1.442694
6	0.261352	3.239401	10.42765	83.9661	0.870642	1.496202
7	0.28824	3.095204	10.44974	84.11204	0.817926	1.525097
8	0.313018	2.994676	10.46571	84.21006	0.775421	1.554137
9	0.336039	2.915172	10.47246	84.29183	0.740578	1.579956
10	0.357612	2.849066	10.47639	84.361	0.713388	1.600151

4.3　服务业国际直接投资影响劳动力市场结构的实证分析

为了测度广州市服务业国际直接投资影响劳动力市场结构的效应，本节构建面板数据模型，采用细分服务行业面板数据的方式，对广州市服务业国际直接投资影响各细分服务行业劳动力就业人数变化，进而引起服务业劳动力市场结构的变动进行实证分析。

4.3.1　数据选择和处理

鉴于 2003 年前后广州市对各细分服务行业分类进行了调整，综合考虑数据的可得性和可比性，本节选择分类调整前的八个服务行业作为面板数据模型的实证检验对象，分别是运输、仓储与邮电通信业，批发、零售与餐饮业，金融与保险业，房地产业，社会服务业，卫生、体育和社会福利业，教育、文艺和影视业，科学研究和综合技术服务业。选取以上服务行业的劳动力人数（L）和实际利用国际直接投资额（FDI）数据。其中，劳动力人数单位为人；各服务行业实际利用国际直接投资额单位为万美元，用当年人民币兑美元平均汇率将其转变为以万元为单位，并用广州居民消费价格指数（1978＝100）进行物价平减，消除物价影响，化为第三产业实际利用国际直接投资额。

4.3.2　模型的设定与识别

对以上变量取对数处理，建立面板数据模型。

面板数据模型可以分为三类，无个体影响的不变系数模型：$\ln L_{it} = C + \alpha \ln FDI_{it} + \mu_{it}$；含个体影响的不变系数模型：$\ln L_{it} = C_{it} + \alpha \ln FDI_{it} + \mu_{it}$；含个体影响的变系数模型：$\ln L_{it} = C_{it} + \alpha_{it} \ln FDI_{it} + \mu_{it}$。其中，$i$ 表示上述八个服务行业，t 表示服务行业观察时期总数。参数 C（含有下标表示含有个体固定效应影响）为模型的常数项，参数 α（含有下标表示变系数）为对应于解释变量 $\ln FDI_{it}$ 的 1×1 维系数向量。μ_{it} 为模型的随机误差项，他们互相独立且满足零均值、同方差的假设。

具体选用哪种类型需要通过构建 F 统计量来检验如下两个假设：$H_1: \alpha_1 = \alpha_2 = \cdots = \alpha_8$；$H_2: C_1 = C_2 = \cdots = C_8$，且 $\alpha_1 = \alpha_2 = \cdots = \alpha_8$

设含个体影响的变系数模型的残差平方和为 S_1，含个体影响的不变系数模型残差平方和为 S_2，无个体影响的不变系数模型的残差平方和为 S_3，构建如下两个 F 统计量：

$$F_2 = \frac{(S_3 - S_1)/[(N-1)(K+1)]}{S_1/[NT - N(k+1)]} \sim F[(N-1)(k+1)], N(T-k-1)$$

$$F_1 = \frac{(S_2 - S_1)/[(N-1)K]}{S_1/[NT - N(k+1)]} \sim F[(N-1)k, N(T-k-1)]$$

若计算得到的 F_2 大于给定显著性水平下的临界值，则拒绝假设 H_2，继续检验假设 H_1。反之，则采用无个体影响的不变系数模型。若计算得到的 F_1 大于给定显著性水平下的临界值，则拒绝假设 H_1，采用含个体影响的变系数模型；反之，则采用含个体影响的不变系数模型拟合（高铁梅，2006）。

根据上述方法，计算得到两个 F 统计量分别为 $F_1 = 13.16$，$F_2 = 129.74$。查 F 分布表，在 5% 的显著性水平下，得到 $F_2 > F(14, 216)$，因此拒绝假设 H_2；同时，$F_1 > F(7, 216)$，因此拒绝假设 H_1。经过 F 检验，模型识别为含个体影响的变系数模型：$\ln L_{it} = C_{it} + \alpha_{it} \ln FDI_{it} + \mu_{it}$。

4.3.3 面板单位根检验

在进行面板数据模型估计之前，一般需要进行面板单位根检验，以检验面板数据的平稳性。如果数据通过面板单位根检验，说明面板数据平稳，可以直接进行回归；否则，面板数据非平稳，直接进行面板回归可能出现"伪回归"现象，导致估计结果没有意义，此时还需要继续进行面板协整检验，以确定回归过程不是虚假回归。

考虑如下 AR(1) 过程：

$\ln L_{it} = \rho_i \ln L_{it-1} + \xi_i X_{it} + \varepsilon_{it} \quad i = 1, 2, \cdots, N; t = 1, 2, \cdots, T$

$\ln FDI_{it} = \rho_i \ln FDI_{it-1} + \xi_i Y_{it} + \varepsilon_{it} \quad i = 1, 2, \cdots, N; t = 1, 2, \cdots, T$

其中，ρ_i 表示自回归系数，X_{it}、Y_{it} 表示模型中的外生变量向量，i 表示截面个体数，t 表示观测时期数，ε_{it} 为随机误差项，满足独立同分布假设。对于上述两式，若 $|\rho_i| < 1$，则对应的 $\ln L_{it}$、$\ln FDI_{it}$ 为平稳序列；若 $|\rho_i| = 1$，则对应的 $\ln L_{it}$、$\ln FDI_{it}$ 为非平稳序列。根据 ρ_i 的不同，面板单位根检验分为两类：一类为相同根情形下的单位根检

验，如 LLC 检验、Breitung 检验；另一类为不同根情形下的单位根检验，如 IPS 检验、Fisher-ADF 检验以及 Fisher-PP 检验。① 由于以上五种检验都有其自身的缺陷，为了避免因检验方法的缺陷而给检验结果带来误差，本书同时采用上述五种方法进行面板单位根检验。由于 $\ln L$ 和 $\ln FDI$ 的水平值表现为含有截距项，因此，对其进行面板单位根检验时选取包含截距项的检验模型。$\ln L$ 和 $\ln FDI$ 经过一阶差分后也表现为含有截距项，同样选取包含截距项的检验模型。面板单位根检验的结果见表 4-13。

表 4-13 面板单位根检验

变量	LLC 检验	Breitung 检验	IPS 检验	Fisher-ADF 检验	Fisher-PP 检验
$\ln L$	-0.70827 (0.2394)	-0.89492 (0.1854)	2.65945 (0.9961)	9.1346 (0.9078)	9.30979 (0.9001)
$\Delta \ln L$	-7.92895*** (0.0000)	-3.03705*** (0.0012)	-9.377*** (0.0000)	106.041*** (0.0000)	141.594*** (0.0000)
$\ln FDI$	-1.22708 (0.1099)	-1.41889* (0.078)	-0.63703 (0.2621)	18.3397 (0.1917)	23.7872* (0.0943)
$\Delta \ln FDI$	-7.62418*** (0.0000)	-2.61883*** (0.0044)	-8.45387*** (0.0000)	82.1107*** (0.0000)	115.564*** (0.0000)

（注：Δ 表示变量一阶差分；括号中数值为统计量所对应的 P 值；单位根检验过程中的最优滞后期数按 Schwarz 法则自动选择；窗宽采用 Newey-West 方法自动选择。）

表 4-13 的面板单位根检验结果显示，五种检验方法在 5% 的显著性水平下均不能拒绝"$\ln L$ 和 $\ln FDI$ 含有单位根"的假设，$\ln L$ 和 $\ln FDI$ 非平稳；同时，$\ln L$ 和 $\ln FDI$ 经过一次差分后均在 1% 的显著性水平下拒绝"存在单位根"的假设，为平稳变量。面板单位根检

---

① 相关检验参见 Lin & Chu（2002）、Breitung（2000）、Pesaran & Shin（2003）、Maddala & Wu（1999）、Chio（2001）等人的文献。

验结果表明 ln L 和 ln FDI 为一阶单整。

4.3.4 模型的估计与面板协整检验

运用 Eviews 5.0 对上述变系数模型进行估计,方法选择 Pooled Least Squares,得到的模型估计结果见表 4-14。

表 4-14 变系数面板模型估计结果

因变量: ln L				
解释变量	参数估计值	参数标准差	t 统计量	P 值
C	12.06199	0.171904	70.16704	0.0000
运输、仓储与邮电通信业	0.071842	0.044144	1.627456	0.1060
批发、零售与餐饮业	0.203871	0.033249	6.131714	0.0000
金融与保险业	-0.128633	0.069557	-1.849324	0.0666
房地产业	-0.579209	0.246197	-2.352628	0.0201
社会服务业	-0.011983	0.063626	-0.188330	0.8509
卫生、体育和社会福利业	0.116445	0.029955	3.887306	0.0002
教育、文艺和影视业	0.039478	0.031567	1.250616	0.2133
科学研究和综合技术服务业	0.096896	0.073511	1.318114	0.1897
固定效应				
运输、仓储与邮电通信业--C	0.089375			
批发、零售与餐饮业--C	0.607675			
金融与保险业--C	-1.312189			
房地产业--C	2.363188			
社会服务业--C	0.527126			
卫生、体育和社会福利业--C	-1.005980			
教育、文艺和影视业--C	-0.114426			
科学研究和综合技术服务业--C	-1.496877			

续表 4-14

		效果说明	
判定系数	0.893883	被解释变量均值	11.81319
调整的判断系数	0.882005	被解释变量标准差	1.020450
回归方程标准差	0.350529	赤迟信息准则	0.841792
残差平方和	16.46467	施瓦兹准则	1.162926
似然函数的对数	-47.13439	F 统计量	75.25076
DW 统计量	0.816824	F 统计量的概率	0.000000

为了避免模型估计结果是由非平稳回归而产生的"伪回归",接下来还要进行面板协整检验。检验方法是对面板残差估计值进行面板单位根检验。若被证明为稳态,则面板协整关系成立,上述面板回归不是"伪回归";反之,若被证明为非稳态,则面板回归为"伪回归"。由于面板残差估计值既不包含时间趋势,又不包含截距,而 IPS 法对于这样的数据失效,因此,采用 LLC 检验、Breitung 检验、Fisher-ADF 检验及 Fisher-PP 检验四种方法进行面板协整检验。检验结果见表 4-15。

表 4-15 面板协整检验

变量	LLC 检验	Breitung 检验	Fisher-ADF 检验	Fisher-PP 检验
e_{it}	-3.3829*** (0.0004)	-3.27049*** (0.0005)	43.6888*** (0.0001)	48.9168*** (0.0000)

由表 4-15 可以看出,四种面板单位根检验方法均在 1% 显著性水平下拒绝"含有单位根"的原假设,表明面板残差不存在单位根,呈现稳态。表 4-14 的面板数据模型回归结果为真实回归,能够反映面板数据 $\ln L_{it}$ 与 $\ln FDI_{it}$ 之间的长期均衡关系。

4.3.5 模型结果分析

由表 4-14 的面板变系数模型估计结果可以看出,服务业国际直接投资对运输、仓储与邮电通信业,批发、零售与餐饮业,卫生、体育和社会福利业,教育、文艺和影视业,科学研究和综合技术服务业五个服务行业产生正向就业效应(其中,教育、文艺和影视业,科学研究和综合技术服务业这两个行业的估计结果未能通过 t 检验,这可能与这时期流入这两个行业的国际直接投资数额相对较少有关)。这五个服务行业实际利用国际直接投资每增加 1%,将分别带来各行业 0.072%、0.204%、0.116%、0.039% 和 0.097% 的就业数量增长,服务业国际直接投资促进了劳动力在上述产业的就业和聚集。由于以上行业主要是劳动密集型服务行业,因此可以看出,服务业国际直接投资增加了广州市劳动密集型服务行业的劳动力就业,表明跨国服务企业看重广州具有充裕且廉价的劳动力比较优势。其对广州市国际直接投资的导向是充分利用丰富的劳动力资源,降低生产经营成本。

表 4-14 变系数面板模型估计结果显示,服务业国际直接投资对金融与保险业,房地产业,社会服务业三个服务行业产生负向就业效应(其中,社会服务业估计结果未能通过 t 检验,这可能与这时期流入社会服务业的国际直接投资数额相对较少有关)。这三个服务行业实际利用国际直接投资每增加 1%,将分别带来各行业 0.129%、0.579%、0.012% 的就业数量减少,服务业国际直接投资减少了劳动力在上述服务行业的就业情况。由于金融与保险业、房地产业是资本和技术密集型服务行业,对人力资本具有较高要求,跨国服务企业如果通过并购的方式进入广州上述行业,较高的资本有机构成和对劳动生产率的追求会使一部分非熟练劳动力被解雇;同时,跨国服务企业的"示范效应"与"技术溢出效应"也会使国内本土企业的资本有机构成不断提高,减少对劳动力的需求;此外,跨国服务企业在上述

行业具有较强的竞争力，容易挤出国内资本对上述行业的投资，减少就业岗位。

综上可见，服务业国际直接投资对劳动力市场结构的影响可概括为：服务业国际直接投资增加了劳动力密集型服务行业的劳动就业，抑制了资本密集型服务行业的劳动就业，服务业国际直接投资促进了广州市以劳动力密集型服务行业为主体的劳动力市场结构的形成。这一方面反映了跨国服务企业在全球生产网络下，合理利用价值链分割与重组，充分发挥广州市劳动力充裕比较优势的海外扩张动机与投资智慧；另一方面也反映了服务业国际直接投资在促进广州市服务业比较优势的发挥方面所做的贡献。

第 5 章
政策建议

服务业国际直接投资作为一种流动性强、风险低、价值含量高的优质国外资本，弥补了广州市服务业在发展过程中存在的资金缺口，协调了广州市劳动力充裕而资本相对稀缺的比例关系，进而对广州市服务业劳动力市场变迁产生深远影响。通过前文研究可知，服务业国际直接投资对广州市服务业劳动力市场变迁既有积极影响，又有消极影响，但总体来看以积极影响为主。具体表现为：长期来看，服务业国际直接投资促进了广州市服务业劳动力就业数量的增加、促进了广州市服务业劳动力就业质量的提升、促进了能够发挥广州市比较优势的以劳动力密集型服务行业为主体的劳动力市场结构的形成。鉴于此，为了促进广州市服务业招商引资，充分发挥服务业国际直接投资对劳动力市场变迁的积极作用，利用服务业国际直接投资缓解广州市劳动力市场沉重的就业压力，本书提出以下建议。

5.1 继续改善投资环境，加大服务业招商引资力度

西方发达国家服务业产值在国内生产总值中的比重早已超过制造业，世界经济由工业社会步入服务业社会的趋势也越来越明显。作为国际化大都市和国家中心城市，广州市也应该顺应潮流，加快服务业发展，促进经济增长方式转变和产业结构转型升级。在新冠肺炎疫情

肆虐全球和信息技术革命的背景下,全球价值链重构以及机器替代人力导致制造业就业弹性大幅下跌的趋势愈发明显,大力发展就业潜力巨大的服务业,无疑有利于缓解广州市严峻的就业形势。服务业国际直接投资通过资金、技术、管理等"一揽子"生产要素的转移,加快了广州市服务业的发展,并且总体上对劳动力市场变迁产生积极影响。因此,广州市政府应继续扩大服务市场的开放度和服务业的招商引资力度,改善并创造一个对外商有足够吸引力的投资环境。投资环境的改善包括政策环境、基础设施环境、法律环境以及营商环境等一系列相关环境的升级和优化。

(1) 在政策环境方面,广州市政府应大力发展电子政务,加大外资外贸信息的公开度和透明度;采用外商投资负面清单管理模式,逐步降低外资进入广州市服务行业的市场准入门槛,制定有利于鼓励外商投资积极性的政策安排;保持外资外贸政策的稳定性和连贯性,稳定外商投资的政策预期,促进外商长期投资意向的形成。

(2) 在基础设施环境方面,需要进一步加强广州市外围城区(如增城区、从化区、花都区等)的基础设施建设,形成广州市中心区与外围城区一体化的生产配套服务设施与体系,吸引更多对基础设施要求较高的现代生产性跨国服务企业前来投资,培育以广州市中心区为核心,辐射上述外围城区的广州市现代服务业产业集群。

(3) 在法律环境方面,由于服务业更多地表现为以知识和技能为基础的无形资产,使得跨国服务企业对投资东道国的法律环境,特别是知识产权保护尤为看重。因此,广州市政府应努力营造一个健全、公平的法律环境,加快各项有关服务业利用外资的法律法规的起草和制定,切实加强对知识产权的保护力度,保障跨国服务企业的合法权益。

(4) 在营商环境方面,广州市政府需要减少对服务业市场的行政干预,逐渐消除服务业中的行业垄断,严厉打击各种扰乱市场秩序的行为，规范广州市服务业市场，创造一个健康、公平、有序的营商环境。

5.2 大力发展各层次教育与职业培训，提升劳动力人力资本水平

随着经济全球化深入发展与信息化浪潮席卷全球，科学技术正变革着人们的思维与生产生活方式，对人们生活与工作产生深远影响。在这种背景下，社会对劳动者的人力资本要求越来越高，既要求劳动者有良好的学习能力、理解能力和沟通能力，又要求劳动者具有良好的团队合作精神。中国是一个发展中国家，农业人口在总人口中的比重较高，人口受教育程度还有继续提升的空间。人力资本水平较低、劳动力生产效率不高成为制约我国劳动力顺利就业的显著因素。在广州市对非熟练劳动力需求日趋饱和，新冠肺炎疫情使企业对劳动力需求大为萎缩的严峻就业形势下，提升劳动者综合素质与职业技能显得尤为紧迫和必要。

为此，广州市政府需要继续加大对教育与职业培训的财政投入，完善教育与职业培训基础设施建设，大力发展教育与职业培训，逐步建立面向各行业劳动者的职业技能培训体系，努力提升劳动者人力资本水平；有意识、有计划地引导劳动力向就业潜力与容量巨大的服务业流动，根据广州市服务业发展趋势，对各高校和职业技术院校进行相关专业调整和优化，增设广州市当前服务业发展紧缺的专业，培养现代服务业人才，契合市场需求；鼓励跨国服务企业在广州市建立产学研合作机构，引导服务业国际直接投资为广州市现代服务业人才培养做出更大贡献；此外，广州市政府还需培育成熟的服务业劳动力市场，完善劳动力市场信息收集、发布等就业服务体系，规范劳动力市

场中介行为,在制度上促进广州劳动力就业。

5.3 合理引导服务业国际直接投资的行业流向

国际直接投资在广州市不同服务行业分布不均,引起了广州市服务业内部结构的调整和劳动力市场结构的改变,但利益导向的国际直接投资并不会自发形成有利于广州服务业行业结构与劳动力市场结构改善的投资结构。因此,广州市政府需要合理引导服务业国际直接投资的行业流向,利用服务业国际直接投资促进广州服务业结构升级,充分发挥服务业国际直接投资对劳动力市场变迁的积极作用,有效缓解广州市的就业压力,提升劳动力就业质量。

首先,广州市政府要正确认清并处理好引入劳动密集型服务业国际直接投资与引入资本和技术密集型服务业国际直接投资之间的关系。住宿餐饮、仓储邮政等劳动密集型服务行业,其发展需要大量非熟练劳动力,就业弹性大,对农业剩余劳动力和城市下岗职工能够起到"蓄水池"作用,对解决广州市失业问题具有举足轻重的作用。同时,发展劳动密集型服务业充分发挥了广州市劳动力资源充裕的比较优势,进而有利于获得"低成本"竞争优势。但是若只看到上述好处而放任国际直接投资大量流入广州市劳动密集型服务行业,则会引起广州服务业结构失衡,有"锁定"在国际价值链低端之虞,非常不利于广州市产业结构的升级和经济增长方式的转变。金融保险、咨询、电信、计算机与信息服务等资本和技术密集型服务业,其发展对人力资本要求较高,需要大量高技能熟练劳动力,对解决广州市失业人口以非熟练劳动力为主的就业问题贡献并不大,并且资本和技术密集型服务业的就业替代效应较明显,甚至会带来负的就业效应,从而增加失业人口。但是,由于资本和技术密集型服务业主要以生产者服务业为主，为企业生产经营活动提供服务，处于产业价值链的高端，是广州市服务业结构升级和经济增长方式转变的"催化剂"，因此政府也需加大资本和技术密集型服务业的开放力度，积极引导资本和技术密集型服务业国际直接投资的流入，提升广州市服务业利用国际直接投资的质量。广州市政府需要秉持利用劳动密集型服务业国际直接投资来促进劳动力就业，利用资本和技术密集型服务业国际直接投资来促进服务业结构升级的外资利用理念，处理好引入劳动密集型服务业国际直接投资与引入资本和技术密集型服务业国际直接投资之间的关系，形成既有利于促进劳动力就业，又有利于服务业结构升级的引资局面。

其次，广州市政府需要积极引导服务业国际直接投资流入产业关联度高的服务行业，以促进前后向关联企业的成长以及就业岗位的增加，积极发挥服务业国际直接投资的间接就业效应。此外，限制服务业国际直接投资进入与国内投资存在明显竞争关系的服务行业，以削弱服务业国际直接投资的就业"挤出效应"以及避免重复建设造成的资源浪费；积极鼓励国际直接投资进入科技含量高而广州市尚无力大力发展的新兴现代化服务业，以提升广州市服务业的整体竞争力。

再次，广州市政府需要特别重视国际直接投资流入特定服务行业对国家安全以及发展利益所带来的风险与挑战。服务业包含诸多关乎国家安全以及经济命脉的行业：信息传输、计算机服务和软件业关乎国家政治安全，金融业和房地产业关乎国家经济安全，科学研究、技术服务关乎国家科技安全，教育业关乎国家意识形态安全，文化、体育和娱乐业关乎国家文化安全，等等。在国家安全观总体视角下，政府在引入与利用服务业国际直接投资的时候，需要特别注意防范国际资本对国家安全可能带来的威胁。在做好风险防范的前提下，引导国际资本流入服务企业生产和便利居民生活的行业，鼓励国际资本成为中国特色社会主义的建设者和贡献者；对于一些敏感行业，通过负面清单制度，限制国际资本的流入，以保障国家安全，维护国家利益。

最后，广州市政府要预防服务业国际直接投资在广州市某一个或者某几个服务行业过度聚集。一方面，服务业国际直接投资的过度聚集不利于服务业整体产业生态链的形成，制约服务业整体规模的壮大；另一方面，服务业国际直接投资的过度聚焦容易形成外资垄断等现象，不利于本土服务企业的市场环境，对本土服务企业的健康发展产生消极影响。因此，市政府需要正确运用反垄断、反不正当竞争等法律法规，对外资过度聚集以及由此引发的垄断等市场行为进行合理合法的规制，确保广州市服务业市场的良好环境。

第6章
结论与讨论

6.1 基本结论

20世纪90年代以来，服务业国际直接投资大举流入，促进了广州市服务业快速发展，使服务经济繁荣，并对广州市劳动力市场变迁产生了积极的影响。通过前文理论与实证分析，可以得到以下基本结论。

（1）服务业国际直接投资对广州市服务业劳动力产生的总就业数量效应为正。服务业国际直接投资每增加1%，将会引发劳动力就业数量增加0.12%。但是，在短期内，服务业国际直接投资所产生的直接就业效应为负，服务业国际直接投资每增加1%，会减少0.01%的就业机会。直接就业效应为负主要有两方面原因：一方面，随着广州市服务业对外开放力度不断加大，越来越多的国际直接投资进入资本和技术密集型服务业，对低技能劳动力的需求减少；另一方面，自20世纪90年代末以来，采用外商独资经营产权模式的服务业跨国公司比重超过采用中外合资经营模式的比重，成为服务业国际直接投资最主要的经营方式。由前面理论分析可知，外商独资经营对就业的贡献远远小于中外合资方式，甚至产生负效应。虽然服务业国际直接投资的直接就业效应为负，但作为直接就业效应与间接就业效应之和的总就业效应为正,表明服务业国际直接投资通过增加前后向关联企业就业、促进服务业技术进步从而引发服务业经济增长等途径,给广州市带来了正的间接就业效应。服务业国际直接投资和劳动力就业数量之间互为 Granger 原因,表明服务业国际直接投资对劳动力就业数量的影响显著存在;同时,服务业劳动力就业数量变化也会引起服务业国际直接投资变动。

(2)服务业国际直接投资对劳动力就业质量的影响途径是通过影响服务业劳动力工资水平、人力资本积累、劳工权益保障意识,以及妇女就业观念和就业状况实现的。服务业国际直接投资对广州市服务业劳动力工资水平的提升具有积极作用。服务业国际直接投资每增加1%,广州市服务业劳动力平均工资将得到 0.76% 的提升。服务业国际直接投资是广州市服务业劳动力平均工资的单向 Granger 原因,说明服务业国际直接投资是影响广州市服务业劳动力平均工资水平的重要因素。在人力资本积累方面,服务业国际直接投资通过刺激国民教育与培训需求,以及增加教育与培训供给,从供需两个角度同时促进了广州市服务业劳动力的人力资本积累和综合素质提高。此外,服务业国际直接投资通过"示范效应"提高了广州市服务企业劳工权益保障意识以及劳工自我维权意识。最后,服务业国际直接投资还改变了传统的就业观念,促使更多妇女走出家门,走上就业岗位,追求职业理想。总之,服务业国际直接投资对广州市服务业劳动力就业质量的提高具有积极作用。

(3)服务业国际直接投资促进了广州市服务业劳动力市场的发育与繁荣,增强了劳动力市场的流动性,使劳动力可以在广州市各服务行业无障碍地自由流动。由于服务业国际直接投资在广州市各服务行业分布不均,服务业国际直接投资对劳动力的就业数量和就业质量效应在广州市细分服务行业分别发生作用,从而扩大了各细分服务行业之间的差距,加剧了包括劳动力在内的各种生产要素的流动,实现

第6章 结论与讨论

劳动力在各服务行业间的动态配置，对劳动力市场结构产生影响。实证分析结论表明，服务业国际直接投资促进了广州市以劳动密集型服务业为主体的劳动力市场结构的形成。这既反映了跨国服务企业利用广州市充裕劳动力比较优势的理性层面，也反映了服务业国际直接投资对促进广州市服务业比较优势的发挥进而获得服务业竞争优势所做的贡献。广州市服务业劳动力市场结构是由中国的产业基础和国际分工的地位决定的，也是跨国服务企业在全球产业结构大调整的背景中根据中国与其他国家的比较优势进行直接投资行业与技术选择的必然结果，反映了广州比较优势之所在。当然，随着中国产业和技术的升级，中国的比较优势也在动态变化与调整之中，因此，广州服务业劳动力市场结构也必将处于不断优化和动态的调整之中。

6.2 后续研究的问题

本书从服务业国际直接投资影响服务业劳动力就业数量、服务业劳动力就业质量，以及服务业劳动力市场结构三个维度，对服务业国际直接投资与劳动力市场变迁的关系进行了较为系统与详细的理论与实证研究，为广州市更加合理有效地利用服务业国际直接投资改善日趋严峻的就业形势提供一定的依据和佐证。

由于笔者水平与时间有限，本书在研究过程中仍存在一些不足与值得以后继续研究的问题。具体来说，在服务业国际直接投资影响劳动力就业数量方面，本书仅定性分析了影响服务业国际直接投资直接和间接就业效应的因素，而这些影响因素的具体大小并未纳入计量模型进行测算，故各影响因素孰重孰轻，本书无法给出答案。在就业质量方面，由于统计数据的欠缺，本书只是以劳动力工资水平为例进行了实证分析，对服务业国际直接投资影响劳动力就业质量的其他途径仅做了定性分析。在劳动力市场结构方面，由于2003年广州市服务业各行业分类口径发生变动，给本书实证研究中的服务行业遴选以及数据采集带来一定的困难与误差，反映在实证结果上也可能会带来一定的偏误。由于统计数据的限制，本书在对服务业国际直接投资影响劳动力市场结构进行实证时，仅采用了双变量变系数面板模型分析，若在模型中加入其他控制变量，应能使结果更加精确。此外，随着广州市服务业对外开放力度的加大，国外与国内资本双向流动趋势显著增强，越来越多的国际直接投资进入各种新兴服务行业，这也会使服务业国际直接投资与劳动力市场变迁产生新情况、发生新变化，这些都值得学术界继续进行深入研究与探讨。

参考文献

[1] 安孟,张诚. FDI、工资扭曲与劳动收入份额 [J]. 商业研究, 2021(1):127-134.

[2] 蔡昉,王德文. 外商直接投资与就业:一个人力资本分析框架 [J]. 财经论丛,2004(1):1-14.

[3] 蔡宏波,刘杜若,张明志. 外商直接投资与服务业工资差距:基于中国城镇个人与行业匹配数据的实证分析 [J]. 南开经济研究,2015(4):109-120.

[4] 查贵勇. 中国服务业FDI就业数量和质量效应分析 [J]. 江苏商论,2009(12):79-81.

[5] 陈洁,王耀中,姚辉斌. 地区工资差异、FDI与服务业结构高级化:基于中国省域面板数据的分析 [J]. 湖南大学学报(社会科学版),2019,33(4):73-82.

[6] 崔校宁,李智. 外商对华直接投资经济效应实证分析 [J]. 世界经济研究,2003(6):40-44.

[7] 范洪敏,穆怀中. 环境规制、FDI与农民工城镇就业 [J]. 财贸研究,2017,28(8):23-32.

[8] 方慧,魏文菁. 中国服务业FDI与服务业结构优化的实证研究 [J]. 山东财政学院学报,2014(3):49-56.

[9] 房玲玲. 商贸流通业FDI与服务业就业效应的非线性关系研究 [J]. 商业经济研究,2019(9):19-22.

[10] 高铁梅. 计量经济分析方法与建模 [M]. 北京：清华大学出版社，2006：304－306.

[11] 龚晓莺，杨小勇，王朝科. 国际贸易与国际直接投资的三种关系：芒德尔贸易与投资替代模型引发的思考 [J]. 国际商务，2006（4）：54－57.

[12] 郭娟娟. 最低工资标准与中国制造业企业引资行为 [J]. 世界经济研究，2019（10）：99－118，136.

[13] 韩国高，邵忠林，张倩. 外资进入有助于本土企业"稳就业"吗：来自中国制造业的经验证据 [J]. 国际贸易问题，2021（5）：81－95.

[14] 侯广豪，盈帅，刘发跃. 国际直接投资的区域就业效应分析：以山东省为例基于协整理论的实证分析 [J]. 山东工商学院学报，2008（2）：41－46.

[15] 黄华民. 外商直接投资对我国宏观经济影响的实证分析 [J]. 经济评论，2000（6）：29－32.

[16] 黄亚捷，闫雪凌，马超. FDI 对中国城镇化发展的影响：基于劳动力就业中介效应的实证研究 [J]. 中山大学学报（社会科学版），2018，58（4）：185－195.

[17] 江锦凡. 外国直接投资在中国经济增长中的作用机制 [J]. 世界经济，2004（1）：3－10.

[18] 李江帆，毕斗斗. 国外生产服务业研究述评 [J]. 外国经济与管理. 2004（11）：16－25.

[19] 李雪辉，许罗丹. FDI 对外资集中地区工资水平影响的实证研究 [J]. 南开经济研究，2002（2）：35－39.

[20] 李杨，蔡卓哲，邱亮亮. 中国服务业 FDI 对就业影响的区域差异：基于 25 个省市数据的实证研究 [J]. 人口与经济，2017，220（1）：85－94.

[21] 李杨, 车丽波. 对外直接投资对企业就业技能结构的影响效应 [J]. 数量经济技术经济研究, 2021, 38 (3): 120-139.

[22] 李志龙. FDI 对中国制造业劳动力就业技能结构的影响研究 [J]. 财经理论与实践, 2019, 40 (3): 135-141.

[23] 刘晨, 葛顺奇, 罗伟. FDI、异质性劳动力市场与城市工资提升 [J]. 国际贸易问题, 2018 (1): 112-122.

[24] 刘素华. 就业质量: 概念、内容及其对就业数量的影响 [J]. 人口与计划生育, 2005 (7): 29-37.

[25] 刘志中. 中国服务业利用 FDI 的就业效应研究 [J]. 技术经济与管理研究, 2011 (1): 94-98.

[26] 罗良文, 刘辉. 外商直接投资的就业效应分析 [J]. 华中农业大学学报 (社会科学版), 2003 (4): 13-17.

[27] 马双, 赖漫桐. 劳动力成本外生上涨与 FDI 进入: 基于最低工资视角 [J]. 中国工业经济, 2020 (6): 81-99.

[28] 毛其淋, 许家云. 外资进入如何影响了本土企业出口国内附加值? [J]. 经济学 (季刊), 2018, 17 (4): 1453-1488.

[29] 毛其淋, 许家云. 中国外向型 FDI 对企业职工工资报酬的影响: 基于倾向得分匹配的经验分析 [J]. 国际贸易问题, 2014 (11): 121-131.

[30] 邱小云, 贾微晓. FDI、产业转移和就业联动变化: 以江西省赣州市为例 [J]. 江西社会科学, 2018, 38 (8): 77-86.

[31] 沙文斌, 陶爱萍. 外商直接投资的就业效应分析: 基于协整理论的实证分析 [J]. 财经科学, 2007 (4): 112-117.

[32] 孙文远, 卢锐. FDI 的工资效应: 基于江苏省的实证分析 [J]. 国际商务 (对外经济贸易大学学报), 2010 (4): 61-66.

[33] 万欣荣, 史卫, 方小军. 外国直接投资的就业效应实证分析: 以广东省就业市场为例 [J]. 南开管理评论, 2005 (2): 100-106.

[34] 王春艳,程健,代玉簪. 服务业进口贸易和 FDI 对就业的影响效应研究:世界 30 国的实证检验 [J]. 技术经济与管理研究, 2017 (4):24 – 28.

[35] 王剑. 外国直接投资对中国就业效应的测算 [J]. 统计研究, 2005 (3):29 – 32.

[36] 王燕飞,曾国平. FDI、就业结构及产业结构变迁 [J]. 世界经济研究, 2006 (7):51 – 57.

[37] 许建伟,郭其友. 外商直接投资的经济增长、就业与工资的交互效应:基于省级面板数据的实证研究 [J]. 经济学家, 2016 (6):15 – 23.

[38] 薛敬孝,韩燕. 服务业 FDI 对我国就业的影响 [J]. 南开学报(哲学社会科学版), 2006 (2):125 – 133.

[39] 杨扬,余壮雄,王美今. FDI 对中国就业效应的检验 [J]. 经济学家, 2009 (5):5 – 14.

[40] 杨泽文,杨全发. FDI 对中国实际工资水平的影响 [J]. 世界经济, 2004 (12):41 – 48.

[41] 于诚,周山人. 服务业 FDI 扩大了中国服务业相对工资差距吗?基于省级动态面板数据的分析 [J]. 经济经纬, 2016, 33 (1):48 – 53.

[42] 张二震,任志成. FDI 与中国就业结构的演进 [J]. 经济理论与经济管理, 2005 (5):5 – 10.

[43] 张志明,崔日明. 服务贸易、服务业 FDI 与中国服务业工资水平:基于行业面板数据的经验研究 [J]. 国际贸易问题, 2015 (8):33 – 42.

[44] 张志明,崔日明. 服务贸易、服务业 FDI 与中国服务业就业结构优化:基于行业面板数据的实证检验 [J]. 财经科学, 2014 (3):88 – 95.

[45] 赵景华. 跨国公司在华子公司成长与发展战略的实证研究 [J]. 管理世界, 2002 (10): 93-101.

[46] 赵新泉. 国际直接投资对中国内资企业出口的影响: 挤出还是引致? [J]. 上海经济研究, 2015 (10): 76-86.

[47] 钟辉. FDI 对中国就业影响的动态分析 [J]. 世界经济研究, 2005 (12): 11-15.

[48] 钟晓君, 刘德学. 服务业 FDI、职工工资与行业收入差距: 以广东为例 [J]. 国际经贸探索, 2013 (3): 48-60.

[49] 钟晓君, 刘德学. 广东服务业外商投资的就业效应研究 [J]. 国际经贸探索, 2011, 27 (12): 48-54.

[50] 钟晓君. 服务业 FDI 对我国服务业增长效应研究 [J]. 技术经济与管理研究, 2009 (4): 92-95.

[51] 钟晓君. 服务业外商直接投资与服务业结构升级: 作用机理与实证研究 [J]. 暨南学报 (哲学社会科学版), 2015, 37 (8): 155-164.

[52] 竺彩华, 胡再勇. 在华 FDI 就业效应实证研究 [J]. 国际经济合作, 2007 (6): 49-53.

[53] 庄丽娟, 陈翠兰. FDI 对广州服务业结构效应的实证分析 [J]. 国际经贸探索, 2008 (3): 24-28.

[54] 祖强, 张丁榕. 外商直接投资行业就业效应分析 [J]. 广西财经学院学报, 2008 (2): 39-44.

[55] Aitken B J, Harrison A E. Do Domestic Firms Benefit from Direct Foreign Investment? Evidence from Venezuela [J]. American Economic Review, 1999, 89 (3): 605-618.

[56] Barry F, Gorg H, Strobl E. Foreign Direct Investment and Wages in Domestic Firms in Ireland: Productivity Spillovers versus Labor-Market Crowding out [J]. International Journal of the Economics of

Business, 2005, 12 (1): 67-84.

[57] Bedi A S, Cieslik A. Wage and wage Growth in Poland: The Role of Foreign Direct Investment [J]. Economics of Transition, 2002, 10 (1): 1-27.

[58] Blonigen B A, Slaughter M J. Foreign-Affiliate Activity and U. S. Skill Upgrading [J]. The Review of Economics and Statistics, 2001, 83 (2): 362-376.

[59] Bogliacino F, Pianta M. Innovation and Employment: A Reinvestigation Using Revised Pavitt Classes [J]. Research Policy, 2010, 39 (6): 799-809.

[60] Brancu L, Lucaciu L. Foreign Direct Investment in Romania: Impacts on Local Workforce Employment [J]. Megatrend Revija, 2009, 6 (2): 123-143.

[61] Chen C, Yu C J. FDI, Export, and Capital Structure: An Agency Theory Perspective [J]. Management International Review, 2011, 51 (3): 295-320.

[62] Crinò R. Service Offshoring and White-Collar Employment [J]. Review of Economic Studies, 2010, 77 (2): 595-632.

[63] Das S P. Foreign Direct Investment and the Relative Wage in a Developing Economy [J]. Journal of Development Economics, 2002, 67: 55-77.

[64] Dirfield N, Taylor K. FDI and the Labor Market: A Review of the Evidence and Policy Implications [J]. Oxford Review of Economics Policy, 2000, 16: 90-103.

[65] Driffield N, Girma S. Regional Foreign Direct Investment and Wage Spillovers: Plant Level Evidence from the UK Electronics Industry [J]. Oxford Bulletin of Economics and Statistics, 2003, 65 (4):

453-474.

[66] Ernst C. The FDI-Employment Link in a Globalizing World: The Case of Argentina, Brazil and Mexico [Z]. International Labour Office, Employment Strategy Paper, 2005 (17): 301-304.

[67] Fajnzylber P, Fernandes A M. International Economic Activities and Skilled Labor Demand: Evidence from Brazil and China [J]. Applied Economics, 2009, 41 (5): 563-577.

[68] Feenstra R C, Hanson G H. Foreign Direct Investment and Relative Wage: Evidence from Mexico's Maquiladoras [J]. Journal of International Economics, 1997, 42 (3/4): 371-393.

[69] Ge Y. The Effect of Foreign Direct Investment on the Urban Wage in China: An Empirical Evidence [J]. Urban Studies, 2006, 43 (9): 1439-1450.

[70] Graham E M. Fighting the Wrong Enemy: Antiglobal Activities and Multinational Enterprises [M]. Washington D.C.: Peterson Institute Press, 2000.

[71] Haddad M, Harrison A E. Are There Positive Spillovers from Direct Foreign Investment? [J]. Journal of Development Economics, 1993, 42 (1): 51-74.

[72] Hale G, Long C. Did Foreign Direct Investment Put an Upward Pressure on Wages in China? [J]. IMF Economic Review, 2011, 59 (3): 404-430.

[73] Harding T, Javorcik B S. Foreign Direct Investment and Export Upgrading [J]. The Review of Economics and Statistics, 2012, 94 (4): 964-980.

[74] Heyman F, Sjoholm F, Tingvall P G. Is There Really a Foreign Ownership Wage Premium? Evidence from Matched Employer-

Employee Data [J]. Journal of International Economics, 2007, (73): 355 – 376.

[75] Hine R, Wright P. Trade with Low Economies, Employment and Productivity in UK Manufacturing [J]. The Economic Journal, 1998, 108 (9): 1500 – 1510.

[76] Ibarra-Olivo J E. Foreign Direct Investment and Youth Educational Outcomes in Mexican, Municipalities [J]. Economics of Education Review, 2021, 82 (6): 1 – 14.

[77] Inekwe J N. FDI, Employment and Economic Growth in Nigeria [J]. African Development Review, 2013, 25 (4): 421 – 433.

[78] Jayaraman T K, Singh B. Foreign Direct Investment and Employment Creation in Pacific Island Countries: An Empirical Study of Fiji [J]. Economia Internazionale, 2006, 60 (1): 57 – 74.

[79] Jenkins R. Globalization, FDI and Employment in Viet Nam [J]. Transnational Corporations, 2006, 15 (1): 115 – 142.

[80] Jude C, Silaghi M I P. Employment Effects of Foreign Direct Investment: New evidence from Central and Eastern European Countries [J]. International Economics, 2016 (145): 32 – 49.

[81] Krugman P R. Technology, Trade and Factor Prices [J]. Journal of International Economics, 2000, 50 (1): 51 – 71.

[82] Kulfas M, Porta F, Ramos A. Inversión Extranjeray Empresas Transnacionales en la Economía Argentina [J]. Michigan Law Review, 1992, 12 (7): 78 – 89.

[83] Laffineur C, Mouhoud E M. The Jobs at Risk from Globalization: The French Case [J]. Review of World Economics, 2015, 151 (3): 477 – 531.

[84] Laffineur C, Gazaniol A. Foreign Direct Investment and Wage

Dispersion: Evidence from French Employer-Employee Data [J]. International Economics, 2019, 157 (5): 203 – 226.

[85] Lipsey R E, Sjoholm F. Foreign Direct Investment and Wages in Indonesian Manufacturing [J]. Journal of Development Economics, 2004, 73 (1): 415 – 422.

[86] Malik S K. Foreign Direct Investment and Employment in Indian Manufacturing Industries [J]. Indian Journal of Labor Economics, 2019, 62 (1): 621 – 637.

[87] Mickiewicz T, Radosevic S, Varblane U. The Value of Diversity: Foreign Direct Investment and Employment In Central Europe During Economic Recovery [J]. Social Scierle Electronic Publishing, 2000 (10): 21 – 39.

[88] Noria G L. The Effect of Trade and FDI on Inter-Industry Wage Differentials: The Case of Mexico [J]. North American Journal of Economics and Finance, 2015, 34 (11): 381 – 397.

[89] Nunnenkamp P, Bremont J E A, Waldkirch A. FDI in Mexico: An Empirical Assessment of Employment Effects [J]. Kiel Working Paper, 2007, No. 1328.

[90] Osei A E. An Assessment of the Impact of Foreign Direct Investment on Employment: The Case of Ghana's Economy [J]. International Journal of Economics and Financial Research, 2019, 5 (6): 143 – 158.

[91] Pesaran H H, Shin Y. Generalized Impulse Response Analysis in Linear Multivariate Models [J]. Economics Letters, 1998, 58 (1): 17 – 29.

[92] Rong S, Liu K, Huang S, Zhang Q. FDI, Labor Market Flexibility and Employment in China [J]. China Economic Review, 2020, 61 (6): 1 – 16.

[93] Sirari A S, Bohra N S. Foreign Direct Investment (FDI) in India Service Sector (A Study of Post Liberalization) [J]. International Journal of Economics and Research, 2011, 2 (2): 10 –18.

[94] Trívez F J, Mur J. A Short-term Forecasting Model for Sectoral Regional Employment [J]. The Annals of Regional Science, 1999, 33 (1): 69 –91.

[95] UNCTAD. World Investment Report 1994: Transnational Corporations, Employment and the Workplace [J]. International Affairs, 1995, 71 (2): 385.

[96] Williams D. Explaining Employment Changes in Foreign Manufacturing Investment in the UK [J]. International Business Review, 2003, 12 (4): 479 –497.

[97] Yasar M, Rejesus R M. International Linkages, Technology Transfer, and the Skilled Labor Wage Share: Evidence from Plant-Level Data in Indonesia [J]. World Development, 2020, 128 (4): 1 –14.

[98] Yeaple S R. Offshoring, Foreign Direct Investment, and the Structure of US Trade [J]. Journal of the European Economic Association, 2006, 4 (2 –3): 602 –611.

[99] Zhao L. The Impact of Foreign Direct Investment on Wages and Employment [J]. Oxford Economic Papers, 1998 (50): 284 –301.

后　　记

　　本书系统地探究了服务业国际直接投资影响劳动力市场变迁的途径与机制。可以看出，服务业国际直接投资总体上对劳动力市场变迁产生了积极的影响，服务业国际直接投资可以成为培育成熟劳动力市场的重要抓手。继续有序扩大服务业对外开放，促进服务业国际直接投资"引进来"和"走出去"双向互动，是培育中国服务业国际竞争力的重要手段。

　　在新冠肺炎疫情的影响下，服务业的经营业态与组织模式正在经历深刻变革。"互联网+服务"将成为未来广州服务业的重要发展方向。对于广州这座千年商都来说，这既是挑战，更是机遇。挑战在于面对互联网及信息技术与服务业深度融合的浪潮，需要大量高素质专业化服务业人才与之适应和匹配，这对广州劳动力市场培育以及人才储备提出了新的要求。机遇在于服务业新业态的产生与发展将成为广州市服务业转型升级与国际竞争优势培育的重要契机。反映在劳动力市场上，那些既具备专业化知识与本领又熟练掌握信息化技术的服务业人才，将备受未来劳动力市场的青睐；而传统重复性低端劳动密集型服务业从业人员将较易受到人工智能及工业机器人的冲击与替代。

　　促进广州劳动力就业，需要从劳动力供给端和劳动力需求端同时发力，实现劳动力供给与劳动力需求之间的动态平衡。从劳动力供给角度看，广大求职者应该努力适应信息社会发展要求，不断提升自身在"互联网+服务"业态下的服务技能与专业水平；从劳动力需求角度看,服务企业可以提前布局与谋划,通过深入开展产教融合,与各高校和职业院校建立稳定的产学研协同合作关系,鼓励合作院校在企业设立实习实践基地,并积极吸纳准毕业生前往企业进行顶岗实习与实训,提前培养大批既有良好的理论功底,又有较强的实际动手操作能力,满足企业用工需求的高校及职业院校毕业生。广州市应尽量避免用工单位与劳动者之间由于产业转型升级与新业态萌生所产生的结构性资源错配的情况。

在高质量发展中促进共同富裕,需要努力提高劳动者工资水平,特别是中低收入群体的收入水平。当前,批发和零售业、住宿和餐饮业以及交通运输、仓储和邮政业等劳动密集型服务行业仍是吸纳广州市劳动力就业的重要行业。然而,这些劳动密集型服务行业的平均工资水平普遍较低,与金融业,信息传输、计算机服务和软件业,科学研究、技术服务业等现代服务行业具有较大的收入差距。因此,从提高中低收入群体收入水平,促进共同富裕的目标来看,广州市劳动密集型服务行业应该不断延伸客户群体的可触及性与可达性,努力提高市场份额与市场占有率,通过提升产品附加值与提供满足客户需求的增值服务,保持客户黏性,维护客户对企业的忠诚度;同时,积极学习外商投资服务企业先进的管理理念与专业化的服务技能,努力吸收外商投资服务企业的技术溢出;通过学习效应,不断提高企业的核心竞争力,培育立足粤港澳大湾区客户特征,面向全球客户的竞争新优势。在高质量发展过程中,广州市劳动密集型服务行业应不断提升其盈利能力与工资水平,缩小与现代服务业的工资差距,促进实现共同富裕。

在服务业对外开放进程中,一个不容忽视的事实是,服务业中存在众多关乎国家安全与人民生计的行业。金融业关乎国家经济安全,房地产业关乎居民基本生活需求,教育、文化艺术和广播电影电视业关乎国家意识形态安全,科学研究和综合技术服务业关乎国家科技安全，等等。因此，我们在看到服务业国际直接投资带来积极作用的同时，更要特别重视与防范国际直接投资在关乎国民经济命脉的服务行业进行渗透和富集所带来的风险。我们应时刻保持头脑清醒，采取辩证思维理性看待服务业国际直接投资的利弊，因势利导，趋利避害。

同时，引导国内服务企业审时度势，根据自身条件积极融入高质量共建"一带一路"进程，通过对"一带一路"沿线及世界其他国家的直接投资，主动嵌入全球生产网络，在全球价值链分工中不断向高附加值环节攀升，做大做强本土服务企业，为劳动力就业做出贡献的同时，为中国先进制造业的发展提供高质量的生产服务配套。

本专著的出版得到中山大学出版社各位编辑与工作人员的鼎力支持，在此表示衷心感谢。由于作者水平有限，书中难免会有疏漏之处，恳请读者指正批评。

钟晓君
2021 年 11 月 22 日